昭和30年代のバス◎全国版

バスが走る日本の原風景

著◎坂田 哲彦
SAKATA Tetsuhiko

文芸社

はじめに

昭和30年代はボンネットバスが街から少しずつ姿を消し、モノコック構造（車体の外板で強度を保つ構造のボディ）のリアエンジンバスが主流となっていった時代である。この頃はいくつものボディメーカー、シャシーメーカーが乱立し、街をゆくバスが個性をもっていた。

その後、耐久性や輸送効率、そして環境への取り組みなどに配慮され、現在のバスは「スケルトンバス」と呼ばれる鋼材を組み合わせて強度を保つボディとなり、不景気による吸収・統合でボディメーカーは実質的には2社、シャシーメーカーは3社となっている。

またこの間、都電・市電は地下鉄となり、自家用車の普及でバスや鉄道を利用する人の数は年々減少の一途をたどっている。

そうしたなかで、広島県の福山自動車時計博物館が行うボンネットバス試乗会には多くの人たちが詰めかける。この試乗会に集まる人たちは、必ずしもボンネットバス現役時代を知る世代だけではなく、20代や30代、そしてそれ以下の子供たちも多い。彼らはボンネットバスのどこに惹かれてこの試乗会に集まってくるのだろうか。

ひとつは、ボンネットバスがもつ「癒し」が関係している。直線で構成された現代のバスは、美しさと同時に緊張を強いるデザインとなっている。それに対し、丸みを帯びた曲線からなるボンネットバスは、どこか温かみを感じることができる。床に塗った防腐剤のコールタールのやわらかい匂いも同じである。ボンネットバスは、荘厳な歴史遺産とは違う、人々に安らぎを与えてくれる貴重な遺物なのである。

この本は昭和30年代を懐かしむ世代だけではなく、それ以外の幅広い層に、バスに「癒し」があった時代の記録としてご覧いただければ幸いである。

最後に、制作にあたり日本バス友の会事務局の城谷邦男氏、名古屋市・樹林舎の山田恭幹氏、さいたま市の三浦真氏の各氏には大変お世話になった。この場を借りて深くお礼申し上げたい。

２０１０年9月　編著者　坂田哲彦

はじめに　3

関東・甲信越編

戦前の日本橋 東京市電と青バス・市営バス　8
英国製２階建てバスと都電21系統　10
東武日光鋼索鉄道線・馬返駅前　10
女学校の卒業旅行で使われたボンネットバス　11
ＧＭＣトラック＋廃バスの「親子バス」　11
石置屋根と未舗装の狭隘道路　12
「走るパーラー」で東京の街をゆく　14
夜の有楽町を疾走するはとバスオープンカー試走車　14
栃木県の明智平に停まる東武の団体用トレーラーバス　15
品川区の狭い商店街をゆくトヨタ車　16
東京・山谷の血液銀行送迎用に運用された日野ＢＨ系　16
昭和30年頃 駅舎がまだ木造だった頃の大和駅前　17
関東バスの日産車と並ぶ東京都交通局のいすゞＢＸ　17
阿佐ヶ谷駅南口 真夏のバス停留所で　17
貸切バスの大型車が並ぶ河口湖畔の駐車場　18
経堂駅前の狭い商店街 いすゞＢＡ７４３リアエンジンバス　19
有楽町日劇前の日野トレーラーバス　19
日産のリアエンジンバスで混みあう荻窪駅南口周辺　19
上田駅前の商店街と日産１８０　20
都バスのいすゞＢＸとトヨペット・スーパーＲＨＫ　20
田舎道を歩くようなスピードでゆく国際興業バス　20
永代通りを東京駅丸の内北口へと急ぐ　21
昭和49年の横浜駅西口ロータリー　21
夏 金沢文庫駅前のワンシーン　22
横浜市電の軌道脇をゆく三菱ふそうのリアエンジンバス　22
横浜市営トロリーバス　開業式にて　23
横浜駅東口「バスのりば案内」　23
横浜市電の元町電停と横浜市営バス　24
横浜駅西口のトロリーバス乗り場　24
伊勢佐木町をゆく観光用ブルーリボン　25
豪雨による水害で水の中を走る横浜市営バス　26
好評の深夜バスは満席、また満席　26
昭和34年 山下公園通りの民生コンドル　27
いすゞ初期の路線用リアエンジンバスＢＡ系　27
雨の溜まった未舗装の通り　28

近畿編

４輪＋２輪＝計６輪のトレーラーを引くトラクター　30
大阪で国内初のワンマンバスが登場 ガラス製の運賃・回数券投入箱　30
旧型車で賑わう南海電鉄・堺東駅前　31
廃用で解体を待つＧＭＣ改造バス　31
通勤用２階建てバス・近畿日本鉄道「ビスタ・コーチ」　32
バス・市電・乗用車、そして人、人、人　32
奈良県・大和高田市 シゴハチと日野ＢＨ系の顔合わせ　33
個性的な外観の尼崎市交通局・ふそう×新三菱ボディ　33
営業所入口に掲げられた「乗務員実践事項」　34
遮断機のない踏切にて バスの誘導をする女性車掌　34
トラックシャシー利用のトヨタボンネットバス宣伝カー　35
大勢の利用客で賑わう京都駅前の観光バス発着所　35
代燃ガス発生装置から煙を上げる京都・山科区の京都市営バス　36
大型の観光用リアエンジンバスで埋まる清水坂駐車場　38
京都市電・羅城門町電停軌道脇をゆくいすゞＢＸの後期型車両　38
昭和4年開業の定期観光バス「春日奥山周遊バス」　39

営業最終日の京都市交通局トロリーバス　40
京都を走ったイギリス製トロリーバス　42
淡路島を貫く国道28号全線開通の日　42
淡路交通20台のバス　カネボウの淡路島社員旅行　43
門崎砲台への観光車　日産180型ボンネットバス　43
トヨタのキャブオーバー車DB100C　健康診断バス　44

北海道・東北編

阿寒バス中標津営業所で休む帝国・金産車体のバス　46
白樺林の中のいすゞボンネットバスBX系観光車　46
国鉄バスに登場したポストバス　47
雪の山道をゆくいすゞ四輪駆動車TSD40　48
ツーマン時代のトヨタ・リアエンジンバスDR10　50
登場と同時に好評を博すワンマンカー　51
「ふじ号」ボディの民生RF系リアエンジンバス　51
貸切バスで賑わう登山シーズンの出羽三山入口　52
日産のボンネット車両を利用した仙台市営の花バス　54
仙台市交通局旧本庁舎前のボンネットバス3種　54
日産×民生の共通シャシーU490　55
富士重工ボディのいすゞBA系急行バス　55
今はなき仙台ホテル前のブルーリボン×金産自工車　56
定鉄バス澄川営業所とローカル電車　57
さっぽろテレビ塔下の札幌市営バスターミナル　57
北海道ならではの積雪時対応バス停／バスポール　58
札幌市営バス北光営業所　バス車掌の車体清掃　59
道南バス入魂式に並ぶ三菱ふそうバスの新車陣　59
吾妻連峰・浄土平の大型バス駐車場　60
北海道中央バス職員ストライキの1日　62

東海・北陸編

日産ボンネットバスベースの観光用デラックスバス　64
能登・千里浜海岸の三菱ふそう・B800番台　66
雪の香林坊を走る日デのリアエンジンバス　66
いちょう並木の桜通　中京観光自動車の日野BH系　67
ローカル線に運用された民生ボンネットバス　68
昭和35年・伊良湖岬　国道42号線を歩く人々　68
「パチンコホール　バンビ」を通過するふそうB300番台　69
山あいの狭隘路ですれ違ういすゞボンネットバス・BX　70
東海道本線・二川駅前　民生コンドルBR32　71
新城市富岡の古い街並みと三菱ふそう旧型バス　71
昭和30年代を象徴するトラック・バス　72

中国・四国編

鉄砲町電車通り　荷車を曳く馬と日産390　74
松江と広島の間を結ぶ一畑電鉄の夜行バス　75
上から見た昭和時代の広島バスセンター其ノ一　76
上から見た昭和時代の広島バスセンター其ノ二　77
上から見た昭和時代の広島バスセンター其ノ三　77
昭和37年――大雪の高松、立ち往生のバス　78
昭和39年――高松駅前のロータリー　80
観光用リアエンジン車　琴電バスの民生RF91　80
高松市中央通り　琴電バスの路線用車両　81
高松市庁前　レントゲンバス「せと号」　81
山陰の田舎道を走る日ノ丸自動車のBD31　82
国鉄の愛宕踏切を渡る広島バス・広電バス　84
大型ボンネット車　いすゞBX91　84

九州編

明治から続く繁華街 別府・流川通りをゆく木炭バス ― 86
日南海岸を臨むサボテン公園と日野ＢＨ系観光車 ― 88
代燃バスに使う薪を運ぶ高等小学校の生徒ら ― 88
雲仙観光用に造られた長崎県営のオープンバス ― 89
津屋崎海岸付近をゆく臨海学校の西鉄団体バス５台 ― 89
長崎・島原鉄道 昭和20年代のＮＳＫボディ ― 89
再生した浦上天主堂といすゞＢＡ系川崎車両 ― 90
九州産業交通 ロマンスシートの日野ＢＨ10 ― 92
関門トンネル開通式 山陽電気軌道の民生ＲＸ系 ― 93
鹿児島・喜界島の日産ボンネット車×２台 ― 93
西鉄米山線 旧塗装のいすゞＢＡ３５１ ― 94
対馬・厳原町のボンネットバス「ＫＡＳＨＩＩ ＢＯＤＹ」 ― 94
八代市催合町停留所の乗合馬車 ― 95
運行中のパンクで修繕にあたる乗務員ら ― 95
球磨川沿いの砂利道を走る右側乗降のいすゞＢＸ ― 96
貸切バスで新郎家へと向かう花嫁とその縁者 ― 96

沖縄編

ツーマン時代の沖縄 女性車掌が集合 ― 98
開南停留所に到着した首里バス「翼」 ― 98
行き先に英文表記「ＮＡＧＯ」 本島北部・国頭村で ― 99
水陸両用車を利用した沖縄復帰前の水上バス ― 99
旧型フロントのいすゞＢＸ×２ 昭和26年の糸満ロータリー ― 100
舗装後間もない具志川村のバス通り ― 100
「ユ」が４つと「リ」で首里バス オキコパーラー前 ― 101
赤瓦の民家が並ぶ美里村をゆく「銀バス」 ― 101
右側通行の昭和35年初期 那覇市国際通りの風景 ― 102
終戦後、復帰前の沖縄バス営業所 ― 104
特集◉沖縄 乗合自動車の現在・過去 ― 106

バス廃線アルバム
ニコニコバス・日本水郷観光自動車・北丹鉄道・札幌市営バス・秋田市営バス・東海汽船バス・倉敷市交通局・山口市営バス・荒尾市営バス ― 109

バス車体カラー図鑑 ― 121

廃止・統合バス事業者データベース ― 137

昭和30年代のバス◎全国版

バスが走る日本の原風景

関東・甲信越 編

昭和30年代に入ってまもなく、箱型のバスが増えてゆく。大手事業者が集う関東地区では、ボンネットバスからリアエンジンバスへの切換えが早かったのである。川崎、横浜、東京とトロリーバスの営業を行う公営事業者も多かった――。

戦前の日本橋 東京市電と青バス・市営バス

昭和11年頃の東京日本橋のようす。当時都内では青バスと呼ばれる民営の東京乗合自動車と、公営の東京市営バスの2社が運行していた。写真左の深い色のバスが青バス、手前の白地に帯の入ったバスが東京市営バスの車両である。なお「青バス」はブルーではなく、グリーンの塗色である
(昭和11年の絵葉書より　資料提供/日本古写真倶楽部)

英国製2階建てバスと都電21系統

昭和23年当時、ロンドン～横浜を結んでいた英国海外航空（ＢＯＡＣ）。横浜から丸の内まで搭乗客を運んでいたバスに、英国製２階建てバスが採用された
（昭和23年11月17日 写真提供／朝日新聞社）

東武日光鋼索鉄道線・馬返駅前

戦前の乗合自動車では輸入車両がほとんどであった。栃木県日光市、馬返駅前での修学旅行のワンシーンを捉えた写真の東武バスもフォードらしきスタイルをしている。東武日光鋼索鉄道線は昭和45年に廃止
（昭和12年 写真提供／日本古写真倶楽部）

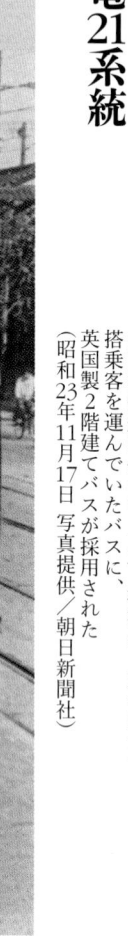

女学校の卒業旅行で使われたボンネットバス

のちに箱根登山バスへ吸収合併された富士屋自動車のボンネットバス。戦前の昭和期には、バス用車両も乗用車とさほど変わらないデザイン・サイズであった。なお、エンジンは米国ホワイト社製のGA型を採用した。
神奈川県箱根町の底倉付近にて
（昭和12年頃 写真提供／日本古写真倶楽部）

GMCトラック＋廃バスの「親子バス」

少しでも輸送効率を上げようと、東京都交通局ではGMCトラックと戦中の廃バスを繋げた即席のトレーラーバスを造りだした。
東京・有楽町の日劇前
（昭和22年9月 写真提供／毎日新聞社）

石置屋根と未舗装の狭隘道路

板張りの屋根に石を置き、突風に備えた石置屋根は長野県木曾地方でよく見られた。軒の低い民家の脇を行くのは、いすゞのＢＸ系ボンネットバス
（昭和30年頃 写真提供／日本古写真倶楽部）

「走るパーラー」で東京の街をゆく

昭和33年に登場した、はとバスの「オープンバス」。側窓を真ん中でカット、オープンスタイルに改造したこの車両では軽食や喫茶を楽しむこともできた。まるでカフェテラスがバスになったようなこのバスは「走るパーラー」として若者や外国人観光客の人気を呼んだ。しかし、急な雨への対応や車両法の問題により残念ながら短期間で姿を消した
（昭和33年頃
車体◎いすゞＢＡ３４１Ｐ　川崎航空機工業
写真提供／はとバス）

夜の有楽町を疾走するはとバスオープンカー試走車

昭和40年8月の運行開始に向け試運転された、はとバスのオープンカー。横をゆくタクシーはプリンスのグロリアだと思われる。東京都有楽町にて
（昭和40年7月29日　車体◎いすゞＢＡ３４１Ｐ　川崎航空機工業
写真提供／朝日新聞社）

栃木県の明智平に停まる東武の団体用トレーラーバス

昭和30年代に入って都心部からは姿を消したトレーラーバスだが、東武では団体客用に運用していた。修学旅行の学生を大勢乗せ出発へ
(昭和30年頃　写真提供／日本古写真倶楽部)

品川区の狭い商店街をゆくトヨタ車

トヨタは昭和41年までボンネットバスを製造した。写真はその最終型式のＤＢ系である。狭い路地や坂の多い地域に路線をもつ事業者では、軒や看板をかわすことができるボンネットバスが箱型のリアエンジンバスより好まれた。
品川区大井町の商店街で
(昭和35年3月1日 車体◎日野ＤＢ系 川崎重工業 写真提供／読売新聞社)

東京・山谷の血液銀行送迎用に運用された日野ＢＨ系

日野のＢＨ系ボンネットバスは自家用車としても活躍した。写真は血液銀行への送迎車として導入された東京・山谷の車両。
荒川区の南千住にある白鬚橋付近にて
(昭和39年5月23日 車体◎日野ＢＨ系 新日国工業 写真提供／朝日新聞社)

昭和30年頃 駅舎がまだ木造だった頃の大和駅前

階段も駅舎もまだ木造だった頃の小田急電鉄・大和駅前（神奈川県）を出発する相模鉄道バス。落ち窪んだ正面窓が富士重工業製ボディの特徴である。シャシーはフロントエンジンの日産１８０で、これをキャブオーバータイプに仕立ててある
（昭和30年頃　車体◎日産１８０　富士重工業　写真提供／大和市役所文化振興課）

関東バスの日産車と並ぶ東京都交通局のいすゞＢＸ

相互乗り入れ区間の営業所では、複数の事業者の車両を見ることができた。関東バス阿佐ヶ谷営業所では、東京都交通局のいすゞ車両が関東バスの日産車に混じって並んでいた（左から3台目）
（昭和35年頃　写真提供／関東バス）

阿佐ヶ谷駅南口 真夏のバス停留所で

阿佐ヶ谷駅（東京都）の南口に停車中のいすゞＢＡ７４１。ワンマン化間もないこの頃は、行き先表示幕の脇に別窓で「ワンマンカー」を表示した。
真夏の日中、暑さを軽減するために正面のベンチレーターを全開にしている
（昭和35年頃　車体◎ＢＡ７４１　富士重工業　写真提供／関東バス）

貸切バスの大型車が並ぶ河口湖畔の駐車場

戦後復興から徐々に観光ブームが広がっていったこの頃、各メーカーからロングホイールベース車が登場。ふそうＲ21はＲ２シリーズ最大のホイールベース５３７０㎜で、各地の長距離路線や観光用に多数送り込まれた。山梨県にある河口湖の駐車場にて

（昭和30年10月23日 車体◎三菱ふそうＲ21 富士重工業
写真提供／日本古写真倶楽部）

経堂駅前の狭い商店街
いすゞBA743リアエンジンバス

いすゞのBA系は昭和36年からホイールベース4300㎜のBA741・743へと発展。写真は全長8000㎜の短尺車、BA743である（BA741は全長9150㎜）。また、同時にホイールベース4800㎜、全長9650㎜のBR351（のちBR20）も登場している。幅の狭い小田急電鉄・経堂駅前商店街（東京都）にて（昭和36年4月14日　写真提供／朝日新聞社）

有楽町日劇前の
日野トレーラーバス

昭和30年代前半までは、各社とも輸送効率のアップに一番の力を注ぐ。そのなかで登場したのが日野のトレーラーバスだった。乗車定員は250名を誇ったが、その大きさゆえに使い勝手が悪く、寿命は短かった。有楽町日劇前（東京都）の交差点で（昭和30年頃　車体◎日野T11B＋T25　金沢産業　写真提供／日野自動車）

日産のリアエンジンバスで
混みあう荻窪駅南口周辺

日産自動車のバス製造は昭和40年代早々に終了した。そのため生産台数・車両型式は多くないが、関東バスでは比較的多数の日産車を導入している。荻窪駅南口（東京都）に集まったリアエンジンバス（昭和35年頃　車体◎日産NUR690　北村製作所ほか　写真提供／関東バス）

上田駅前の商店街と日産180

戦中から戦後にかけて、
日産ではトラックシャシー180を製造。
これをバス用に流用して全国に送り出した。
写真は上田駅前（長野県）の千曲自動車。
この時代、自動車の普及で交通事故が多くなり、
街のそこかしこで「対面交通」の看板が見られた
（昭和28年　写真提供／日本古写真倶楽部）

都バスのいすゞBXとトヨペット・スーパーRHK

東京駅から豊洲を経由して
東雲都橋へと至る路線が開通したのは
戦後昭和22年のことである。
都バスのBXと並んで走るのは
トヨペット・スーパーRHK（昭和29年式）
（昭和35年頃　車体◎いすゞBX系　新三菱重工業
写真提供／いすゞ自動車）

田舎道を歩くようなスピードでゆく国際興業バス

舗装されて間もない田舎道を、
いすゞのボンネットバスがゆく。
トルクのあるDA120型エンジンを積んだBX系は
坂道の多い地域のほか、
未舗装の道路をもつ路線でも重宝された
埼玉県飯能市の名栗地区にて
（昭和40年頃　写真提供／国際興業）

永代通りを東京駅丸の内北口へと急ぐ

現在は都営が席巻している東京駅丸の内北口だが、かつては国際興業バスも路線をもっていた（昭和35年頃 車体◎いすゞBA系 川崎重工業 写真提供／国際興業）

昭和49年の横浜駅西口ロータリー

タクシーや乗用車に混じって相模鉄道バス（手前）、横浜市営バス（奥）が並ぶ横浜駅西口ロータリー（神奈川県）。この頃になると、山間部を除いてほとんどの事業者で運用車両のリアエンジン化が完了した（昭和49年6月20日 写真提供／横浜市史資料室）

夏 金沢文庫駅前のワンシーン

金沢文庫（神奈川県）の狭い駅前に9ｍクラスのリアエンジンバスが、ところ狭しと集まっていた（昭和48年7月 写真提供／横浜市史資料室）

横浜市電の軌道脇をゆく三菱ふそうのリアエンジンバス

深夜の桜木町駅前電停（神奈川県）には多くの人々が集まっている。横浜市電は昭和47年3月に全線廃止。これに伴ってトロリーバスも横浜から姿を消した（昭和37年3月3日 写真提供／横浜市史資料室）

横浜市営トロリーバス開業式にて

横浜市（神奈川県）のトロリーバスは昭和34年7月16日、三ツ沢西町～常盤園前の間で開業した。その後路線延長し、全通は同年12月。最終的には環状線となった。在籍車両は最終的に25両もの大所帯となり廃業時は黒字営業だったが、市電の廃止に伴う変電所の閉鎖とディーゼルエンジンバスへの置き換えにより昭和47年3月で全廃となった
（昭和34年7月16日　写真提供／横浜市史資料室）

横浜駅東口「バスのりば案内」

横浜市営バスや神奈川中央交通、相模鉄道のほか、この時代には東急バスも横浜駅（神奈川県）の東口を発着していた
（昭和38年9月8日　写真提供／横浜市史資料室）

横浜市電の元町電停と横浜市営バス

横浜市電の元町電停（神奈川県）付近にて。正面のトンネルは市電の麦田トンネルである。市電廃止後は山手トンネルと名前が変わり、自動車用のトンネルとなった
（昭和45年5月16日 写真提供／横浜市史資料室）

横浜駅西口のトロリーバス乗り場

横浜駅西口バスターミナル（神奈川県）の一角、13番乗り場からはトロリーバスが発着していた。横浜市営トロリーバスの車両は三菱ふそうのシャシー、電気系統は日立製作所が担当した
（昭和41年1月 写真提供／横浜市史資料室）

伊勢佐木町をゆく
観光用ブルーリボン

横浜市内の遊覧バスは古く戦前からスタートした
伊勢佐木町（神奈川県）にて
（昭和40年7月1日
車体◎日野ブルーリボン 金産自動車工業
写真提供／横浜市史資料室）

豪雨による水害で水の中を走る横浜市営バス

昭和45年の夏、関東各地は集中豪雨に見舞われた。千葉県の大多喜町では1時間の最大降水量が116㎜。当時の総理・佐藤栄作が現地を視察した。神奈川県・関内の駅前も川のようになったが、それでもバスは走った
(昭和45年 7月1日 写真提供/横浜市史資料室)

好評の深夜バスは満席、また満席――

住宅地が少しずつ郊外へ広がってゆくと同時に、深夜バスの需要が高まる。東京都心部とベッドタウンを結ぶ深夜バスがスタートしたのは昭和30年代後半のことであった。小田急路線車両の脇にまだ犬のエンブレムがついていた頃、銀座西8丁目で
(昭和44年11月5日 車体◎三菱ふそうMAR490 呉羽自動車工業 写真提供/朝日新聞社)

昭和34年 山下公園通りの民生コンドル

民生のリアエンジンバス・RF系はアメリカ陸軍送迎車にも運用された。横浜市内（神奈川県）の山下公園通りで
（昭和34年4月10日 車体◎民生RF系 富士重工業 写真提供／横浜市史資料室）

いすゞ初期の路線用 リアエンジンバスBA系

昭和30年の新宿南口駅前（東京都）。いすゞの中扉専用車・BA351Aのゆく片側1車線の道路は甲州街道である
（昭和30年12月 車体◎いすゞBA351A 川崎重工業 写真提供／毎日新聞社）

雨の溜まった未舗装の通り

地面が未舗装だった時代には、雨が降ると路面に水が溜まり、バスの乗り心地もすこぶる悪くなる。エアサスペンション非搭載車ではなおのことよく揺れた。
南日吉団地にて
(昭和39年2月1日 車体◎三菱ふそうR280 呉羽自動車工業
写真提供/横浜市史資料室)

昭和30年代のバス◎全国版
バスが走る日本の原風景

近畿編

京都や奈良などの観光名所をもつ近畿地区には、
華やかな装飾を施した大型バスが集まった。
また、高度経済成長期に建てられた文化住宅に住む人々が、
近くのバス停から会社へ出勤した。
「ハレとケ」の落差が大きいのが、近畿地区の大きな特徴だった。

4輪＋2輪＝計6輪のトレーラーを引くトラクター

このトレーラーバスは大阪市営バスで活躍した車両で、
トラクターに牽引されたトレーラー部分を見ると、前4輪・後2輪の計6輪となっている。
一見するとバランスの悪いこの車輪配置は、
物資不足のなかでタイヤの磨耗・消費を軽減するために考えられたものだという。
トレーラーバス以外に、GMCトラック改造車でもよく見られる。
大阪・心斎橋の大丸百貨店前にて
（昭和23年7月13日　写真提供／朝日新聞社）

大阪で国内初のワンマンバスが登場 ガラス製の運賃・回数券投入箱

戦前の円太郎バスを除くと、
国内でワンマンバスを走らせたのは昭和26年の大阪市営バスが最初。
今里～阿倍野を結ぶ路線バスで運用され（夜間の便のみ）、
「ワンマンカー」の言葉もこのとき初めて採用された
（昭和26年5月8日　写真提供／朝日新聞社）

旧型車で賑わう 南海電鉄・堺東駅前

旧型のトヨエースやダイハツのオート三輪に混じって、中扉・ツーマン仕様のリアエンジンバスが並ぶ。堺東(大阪府)は昭和39年12月に駅前開発を行っており、現在はすっかり面影が変わっている(昭和39年10月6日 写真提供／朝日新聞社)

廃用で解体を待つ GMC改造バス

各地のバス会社では戦後、アメリカ・GMCトラックを改造して間に合わせのバスを造り、車両不足を補った。しかし、国内のシャシー・ボディメーカーが再生すると、改造バスは廃棄処分に。写真の大阪市営バスでも大量のバス車両が廃棄処分となった(昭和29年8月17日 写真提供／読売新聞社)

通勤用2階建てバス・近畿日本鉄道「ビスタ・コーチ」

日本初の2階建てバス（2フロア構造の「ダブルデッカーバス」）は昭和36年に近畿日本鉄道が導入した通称ビスタ・コーチ（型式番号はKDD60）。シャシーは日野、ボディは近畿車両が担当した。写真は上本町～阪奈国道の区間で試運転された試作車で、試乗者の評判はまずまずだったという。
近鉄・上本町駅前（大阪府）
（昭和35年8月9日　写真提供／読売新聞社）

バス・市電・乗用車、そして人、人、人——

昭和34年、ラッシュ時間帯の大阪駅前。いまはなき大阪市電（昭和44年3月31日全廃）・大阪駅前停留場の周りに停まるバスは、ボンネット車とリアエンジン車が混在。エンジン搭載箇所過渡期の時代をよく表している
（昭和34年6月5日　写真提供／読売新聞社）

奈良県・大和高田市 シゴハチと日野BH系の顔合わせ

奈良県・大和高田市を流れていた旧高田川の川底を改修、鉄道と自動車の立体交差が実現した。上を行く蒸気機関車は昭和14年製造のC58 135。下のボンネットバスは日野・BH系車両か
（昭和37年6月3日 写真提供／読売新聞社）

個性的な外観の尼崎市交通局・ふそう×新三菱ボディ

阪神電鉄尼崎駅前（兵庫県）にあった尼崎市交通局・中央営業所（平成5年廃止）。フロントにいすゞのエンブレムをつけたこの三菱ふそうR21はウインカーの形状などから新三菱ボディと思われる
（昭和33年頃 写真提供／尼崎市交通局）

営業所入口に掲げられた「乗務員実践事項」

尼崎中央営業所（兵庫県）の入口には、運転士と車掌に向けた注意事項が掲示してあった。尼崎市交通局では昭和52年まで、車掌の乗務した路線区間が残されていた（昭和30年頃 写真提供／尼崎市交通局）

遮断機のない踏切にて バスの誘導をする女性車掌

路面の濡れた雨上がりの踏切を渡る、川崎ボディのいすゞBA系。踏切での誘導は、バス車掌の重要な仕事のひとつ。バスが踏切を渡ると追いかけて飛び乗らなくてはならなかった。南海平野線・文の里踏切（大阪府）にて（昭和36年1月28日 写真提供／毎日新聞社 写真撮影／奥田進昭）

トラックシャシー利用のトヨタボンネットバス宣伝カー

京都市山科区（京都府）にあった樫原マーケット前に停車するのは、トヨタトラックシャシーＫＢ型を利用したボンネットバス。フロント上部の両脇に設置されているのはスピーカーで、車体に年末大売出しの横断幕が貼られているとおり宣伝カーとして活躍したようだ
（昭和30年頃　写真提供／ぼん書房）

大勢の利用客で賑わう京都駅前の観光バス発着所

昭和30年代、高度成長期に入って日本に観光ブームがやってきた。京都駅前に停まる京阪のふそう・Ｂ25と、京都市営のふそう・ＭＲ系４００番台
（昭和30年頃　写真提供／（財）世界人権問題研究センター　撮影／符川寛『京都市今昔写真集より』）

代燃ガス発生装置から煙を上げる京都・山科区の京都市営バス

戦後の燃料規制により代燃ガス発生装置を積んだバスが全国各地で登場した。石油の代用として使われたのは、木炭や薪、プロパンなど。石油と比べると燃焼力のなさは顕著で、坂道では乗客が降りてバスを押さなくてはならないこともあったという。代燃バスはガソリンの供給が安定する昭和25年頃まで残っていた
（昭和20年頃　写真提供／宮澤潔）

滋1.017

大型の観光用リアエンジンバスで埋まる清水坂駐車場

昭和45年頃の京都市営清水坂駐車場。観光シーズンには多くの会社が大型バスを乗り入れる。向かって右3台は三菱ふそうのMR系、左端が日野のブルーリボン（昭和45年頃　車体◎右／三菱自動車工業　中右／三菱自動車工業　中左／三菱自動車工業　左／金産自動車工業『京都市今昔写真集』より）

京都市電・羅城門町電停 軌道脇をゆくいすゞBXの後期型車両

ＢＸＤ系への過渡期に見られる、前照灯2灯のいすゞボンネット車。写真左の軌道は京都市電九条線で、手前は羅城門町電停。九条通りの先に見えるのは東寺の五重塔である（昭和45年頃　車体◎川崎重工業『京都市今昔写真集』より）

昭和４年開業の定期観光バス「春日奥山周遊バス」

大阪電気軌道時代の昭和４年に開業した国内初の観光周遊バスが「春日奥山周遊バス」である。この路線にも昭和40年代後半にはいすゞＢＸ系車両が使われていた。破石（わりいし）停留所から東の滝坂道は土塀や石垣で囲った古い民家が多かった
（昭和45年頃 車体◎いすゞＢＸ系 帝国自動車工業 写真提供／絹谷眞康）

営業最終日の京都市交通局トロリーバス

昭和7年4月開業の京都市交通局トロリーバス。
開業時の営業区間は四条大宮～西大路四条のわずか1.6㎞だった。
その後随時路線延長し、松尾橋まで開業したのは昭和37年5月1日。
さらに桂までの延長計画もあったが実現せず、
昭和44年10月1日をもって廃線となっている。
車両はワンマン化に備えて2ドア化などがなされたが、
廃止最終日までツーマン運転であった。
写真は終点・松尾橋で折り返す300形304
(昭和44年9月30日
車体◎日野ディーゼル・ナニワ工機
写真提供／森榮一)

四条大宮↔松尾橋
304
304

京都を走ったイギリス製トロリーバス

京都のトロリーバス・3型は、車体・モーターともイギリスのイングリッシュ・エレクトリック社製を採用した。起点・四条大宮で転回するところ（昭和25年頃　写真提供／森榮一）

淡路島を貫く国道28号全線開通の日

神戸から淡路島を通り徳島へ抜ける国道28号。昭和20年代には未舗装だったこの道路は、昭和33年から8年をかけて改修された。アーチの柱にある「東浦町」（兵庫県）という町名は平成17年の合併で淡路市となり消滅した。アーチの下をゆくのは日野のブルーリボン（昭和41年『淡路島今昔写真集』より）

淡路交通20台のバス
カネボウの淡路島社員旅行

洲本川（兵庫県）の堤防上に連なる淡路交通のバス。この日借り出されたバスは20台。「淡路交通にこんなにバスがあったんやろか」と淡路の人々も驚きの声をあげた（昭和34年5月『淡路島今昔写真集』より）

門崎砲台への観光車
日産180型ボンネットバス

明治22年に竣工した鳴門要塞の砲台・門崎砲台の前に停まる観光バス。車両は日産180型で、中扉の路線用を観光・貸切用と兼用していた（昭和30年頃 写真提供／野水正朔）

トヨタのキャブオーバー車
ＤＢ１００Ｃ　健康診断バス

トヨタでは前部にエンジンを搭載したボンネットシャシーに
箱型ボディを架装するケースがあった。
しかし、キャブオーバー用として製造されたシャシーは
ＦＣ80、ＦＢ１００Ｃ、ＤＢ１００Ｃ、
ＤＢ１０２Ｃ、ＤＢ１０５Ｃの5種だけである。
いずれも車室の利用法に融通が利くという利点を活かし、
路線用・観光用よりもレントゲン車などの
特装車として運用されたケースが多かった。
写真はディーゼルエンジン搭載のＤＢ１００Ｃで、
健康診断車として運用されたもの。
京都・若草山麓の旅館・みやげ物店の人々が健康診断を受けている
(昭和43年　車体製造不詳『奈良市今昔写真集』より)

昭和30年代のバス◉全国版

バスが走る日本の原風景

北海道・東北編

厳しい自然が傍らにある北の地方では、
それにあわせた工夫をバスにも見ることができた。
四輪駆動車や、ボンネットバスが長い期間活躍したのが北海道・東北地区である。
また昭和30〜40年代、各地に点在した小さな事業者が大手へ吸収・統合されている。

阿寒バス中標津《なかしべつ》営業所で休む帝国・金産車体のバス

保健所だった建物を利用したという、旧中標津営業所（北海道）。中標津から多くの新規路線開拓が計画されたが、モータリゼーションのあおりを受け実現しなかった。同営業所は昭和46年に廃止、現在の中標津町交通センターとは別の場所にあった
（昭和30年頃　写真提供／中標津町商工会）

白樺林の中のいすゞボンネットバスBX系観光車

ボディに「まりも」とあるこのバスは、昭和46年9月に十勝バスに吸収された道東バスのいすゞBX系観光型車両。フロント上部の飾り窓やセンターピラーで仕切られた前面窓の形状から、車体は帝国自動車工業製と推測される
（昭和30年頃　写真提供／中標津商工会）

国鉄バスに登場したポストバス

昭和20年代、車体側面に郵便ポストを取り付けた「ポストバス」が登場した。ポストバスは全国の過疎地域で重宝された。写真は仙台～築館を結ぶ国鉄急行バス。後ろには昭和51年3月で廃止となった仙台市電の車両がみえる
(昭和28年9月 写真提供／毎日新聞社)

雪の山道をゆく
いすゞ四輪駆動車ＴＳＤ40

いすゞでは、ＴＳ系トラックシャシーにボンネット型バス車体を架装した特殊バスを製造した。（走破性の高い）四輪駆動の特長を活かし、晩年まで山間部のローカル路線や自家用バス（温泉地の送迎用など）で活躍した。冬の一日に山形県内の山間をゆくＴＳＤ40（昭和45年頃　車体◎北村製作所　写真提供／山交バス）

15-96

ツーマン時代のトヨタ・リアエンジンバスDR10

トヨタのバス製造は昭和41年で撤退、以降トラック・バス部門は日野自工に引き継いでいる。写真は昭和33年登場のDR10（ホイールベース5000㎜）である。ホイールベースの違うDR15（4200㎜）やフロントオーバーハングの短いDR11もあったが、これらの生産台数はあまり伸びなかった。ただし、写真の山形交通は例外的にトヨタのリアエンジンバスを多く導入している
（昭和35年頃　車体◎富士重工業　写真提供／山交バス）

登場と同時に好評を博すワンマンカー

昭和30年代に入り、北海道・札幌市営バスでもワンマンカーが登場。ワンマン運転は試験的に始められたものだったが、開始と同時に好評を博した。なお、札幌市営バスは昭和5年の開業。市内各所に路線網を広げるほか、定期観光バス事業を行うなどしたが昭和55年以降は赤字経営となり、平成16年4月1日をもって廃止されている

桑園中央停留所（北海道）にて（昭和37年10月22日

車体◎民生ＲＸ91 呉羽自動車工業

写真提供／北海道新聞社）

「ふじ号」ボディの民生ＲＦ系リアエンジンバス

民生のリアエンジンバスは昭和25年登場のＢＲ30を皮切りに、ＢＲ系～ＲＦ／ＲＳ系、そして４Ｒ～６Ｒ系へと続いてゆく。同社はこの間に民生産業から民生デイゼル工業（昭和25年）、そして日産ディーゼル工業（昭和35年）と社名を変え、平成22年２月からは「ＵＤトラックス」としている。

写真のＲＦ系車両は、国産初のフレームレスモノコックバス「ふじ号」を踏襲した富士重工業製車体を架装している

（昭和35年頃 写真提供／仙台市交通局）

貸切バスで賑わう登山シーズンの出羽三山入口

ふそうＢ２００番台（左、右奥）、いすゞＢＸ系（右手前）と3台ものバスが並ぶ国立公園出羽三山入口（山形県）。坂道の多い山間部の路線や観光ルートを結ぶバスでは、昭和30年代後半～昭和40年代前半までボンネットバスが残っていた（昭和40年頃　写真提供／山形新聞社）

國立公園出羽三

日産のボンネット車両を利用した仙台市営の花バス

観光客誘致のために用意された、仙台市営バスの花バス。ベースとなっている車両は日産のボンネットバス（昭和35年頃 車体◎富士重工業 写真提供／仙台市交通局）

仙台市交通局旧本庁舎前のボンネットバス3種

向かって左の2種はディーゼルエンジン搭載の日産車、右は日野BH系車両。なお、車体は左から川崎、富士重工、富士重工となっている（昭和35年頃 写真提供／仙台市交通局）

日産×民生の共通シャシーU４９０

民生と日産は昭和28年に業務提携。これ以降、日産のシャシーに民生のエンジンを積んだ車両が登場する。両社の共通シャシーはそれぞれで型式番号が異なる。日産のU４９０は、民生ではBS６０として売り出した（昭和35年頃 車体◎富士重工業 写真提供／仙台市交通局）

富士重工ボディのいすゞBA系急行バス

路線用のいすゞリアエンジンバス・BA系は昭和31年の登場。ホイールベースの違いや、空気バネの搭載／非搭載などによりさまざまな型式のバリエーションが登場。全国の都市バス・ローカルバスに送り込まれた（昭和35年頃 車体◎富士重工業 写真提供／仙台市交通局）

今はなき仙台ホテル前のブルーリボン×金産自工車

昭和17年に金沢航空工業として誕生した金産自工は、昭和46年に帝国自工と提携すると以降は日野車への架装が多くなる。写真は日野BD系ブルーリボン。バックの仙台ホテルは仙台駅西口（宮城県）にあったが、平成21年末で閉鎖されている
（昭和35年頃 写真提供／仙台市交通局）

定鉄バス澄川営業所とローカル電車

札幌方面への通勤路線を抱えた定山渓鉄道バス(現・じょうてつバス)の澄川営業所(北海道)。箱型のバスがラッシュ時間帯の出庫を待っている。手前を走る電車は昭和44年11月1日に廃止となった定山渓鉄道線
(昭和43年4月19日　写真提供／北海道新聞社)

さっぽろテレビ塔下の札幌市営バスターミナル

現在大通公園となっている大通西二丁目(北海道)には札幌市営バスのターミナルがあった。左手に見える巨大なタワーは現在も残るさっぽろテレビ塔。1億7000万円もの総工費をかけて昭和32年に完成した
(昭和37年3月13日　写真提供／北海道新聞社)

北海道ならではの積雪時対応バス停／バスポール

北海道では、積雪によりバスポールが隠れてしまうこともある。それを防ぐために、背の高い角材の先にバス停表示板をつけた。乗客が待つスペースも一段高くしてある。
北札苗線・変電所東停留所にて
（昭和41年11月25日 車体◎日野ブルーリボン 金産自動車工業 写真提供／北海道新聞社）

札幌市営バス北光営業所 バス車掌の車体清掃

乗車の前に車体の清掃。これもバス車掌の仕事のひとつ。ボンネットバスからリアエンジンバスに変わり、窓の清掃はしやすくなった――？

（昭和40年8月5日 車体◎いすゞBA系 川崎重工業 写真提供／北海道新聞社）

道南バス入魂式に並ぶ 三菱ふそうバスの新車陣

稼動前に行われる入魂式を待つ道南バスの新車たち。高度成長期に入ってラッシュ時間帯のバス利用者が増えると、ホイールベース5000㎜以上の大型リアエンジンバスが重宝された

（昭和43年4月19日 車体◎三菱ふそうMR系 三菱重工業 写真提供／北海道新聞社）

吾妻連峰・浄土平の大型バス駐車場

常磐交通（右）、会津乗合自動車（左手前）、羽後交通（左奥）など、東北各社の大型観光バスが並ぶ福島県吾妻連峰の浄土平（昭和35年10月16日 写真提供／日本古写真倶楽部）

北海道中央バス 職員ストライキの1日

昭和30～40年代、雇用条件の不満による職員のストライキが各地で行われた。バス会社の労働組合の結束力の固さはたいへん強かったのであった。北海道中央バスでもストライキが行われた。昭和36年に札幌市に統合された豊平町（北海道）にて
（昭和28年6月28日 車体◎いすゞＢＸ92 帝国自動車工業
写真提供／北海道新聞社）

昭和30年代のバス◉全国版
バスが走る日本の原風景

東海・北陸編

東海地区は古くから名鉄グループが席巻していた。
また同地区では自家用車の所有率が高く、バスは苦戦を強いられた。
北陸は北陸鉄道（石川）・富山地方鉄道（富山）の両社のほかは、
小さな事業者が細々と路線事業を行うのみだった。

0033

日産ボンネットバスベースの観光用デラックスバス

昭和20年代に誕生した観光用のデラックスバスには、特殊ボディが架装されたものがある。側面上部に飾り窓を配し、側窓は左右引き違い式の「メトロ窓」というこの車両は新日国工業によるボディ。なお、シャシーのベースとなっているのは日産のボンネットバスである。石川県羽咋市（はくいし）で
（昭和30年頃　写真提供／羽咋市歴史民俗資料館）

能登・千里浜海岸の三菱ふそう・B800番台

石川県羽咋市南部の千里浜海岸は砂の粒が小さく締まっており、大型の観光バスが通っても沈み込むようなことがない。浜は8㎞ほども続いており、観光シーズンにはバスのほか乗用車などでいっぱいとなる。写真の北日本観光は昭和27年創立の歴史ある貸切バス事業者で、現在は近鉄グループに所属している（昭和45年　写真提供／羽咋市歴史民俗資料館）

雪の香林坊《こうりんぼう》を走る日デのリアエンジンバス

大雪の中、北陸鉄道金沢市内線（昭和42年2月11日全廃）の軌道を横切って走る日産ディーゼルのリアエンジンバス（手前）と日野ブルーリボン（奥）。いずれも北陸鉄道バスだが手前が路線用車両で淡いグリーンと明るい臙脂（えんじ）の塗り分け、奥は観光用車両で真紅と白の塗り分けとなっている。石川県金沢市香林坊の交差点にて（昭和40年3月4日　写真提供／朝日新聞社）

いちょう並木の桜通
中京観光自動車の日野ＢＨ系

愛知県名古屋市内を東西に貫く桜通の泥江町（ひじえちょう）付近を走る日野ＢＨ系観光車。ロングホイールの車種をもつ日野ＢＨシリーズは団体客を運ぶ貸切バス事業者に好まれ、全国各地に納入された（昭和30年８月３日 写真提供／毎日新聞社）

ローカル線に運用された民生ボンネットバス

豊田市大沼町（愛知県）を走る民生のボンネットバス。低い軒をかわすのに便利なボンネット車両は狭隘な路線をもつ事業者で重宝され、昭和50年代近くまで運用していたところもあった（昭和38年『西三河今昔写真集』より）

昭和35年・伊良湖岬国道42号線を歩く人々

一地方の観光地だった伊良湖岬（愛知県）も、昭和30年代の観光ブームに乗って全国的に有名になる。オート三輪や日野の乗用車・ルノーに混じって、いすゞ、三菱ふそうのバスが集まった（昭和35年頃『東三河今昔写真集』より）

「パチンコホール　バンビ」を通過するふそうＢ３００番台

名鉄蒲郡線・西尾線の吉良吉田駅前（愛知県）を通過するのは、三菱ふそうボンネットバスの最終型式・Ｂ３００番台である。手前では女性車掌がバスを誘導。「パチンコホール　バンビ」は現在のパチンコ店からは考えられないくらいに質素な佇まいである
（昭和40年頃『西三河今昔写真集』より）

山あいの狭隘路ですれ違う いすゞボンネットバス・BX

愛知県の蒲郡海岸〜新箱根〜本宿駅前の「新箱根線」は昭和9年に開業。この当時は愛電自動車（現・名古屋鉄道）という社名であった。その後、オープンバスを走らせるなどして人気を集めたが、戦況が激しくなるとともに休止。写真は昭和30年代に復活運転された頃のもので、いすゞのBX系車両が運用されていた。昭和45年、新箱根線は正式に廃止となっている（昭和30年代『東三河今昔写真集』より）

東海道本線・二川駅前 民生コンドルBR32

「CONDOR」のエンブレムをつけた国鉄バス・民生BR32。丸いフォルムと奥行きのある正面窓は富士重工業製ボディの特徴である。愛知県の東海道本線・二川（ふたがわ）駅前で（昭和30年頃 撮影／後藤伝吉 豊川市二川宿本陣資料館寄託『東三河今昔写真集』より）

新城市富岡の古い街並みと三菱ふそう旧型バス

愛知県新城市の富岡集落を、三菱ふそうの旧型ボンネットバス・B2系車両がゆく。フロントグリルの形状などが、のちに誕生するB200番台～と若干異なる（昭和33年頃『東三河今昔写真集』より）

昭和30年代を象徴するトラック・バス

トヨタ（中央右手前）・日産（中央左奥）のボンネットトラック、いすゞのBX系ボンネットバス（奥右）、車体にコルゲートを装備したいすゞのリアエンジンバス・BA系（手前）――。昭和30年代を象徴するトラック・バスが揃った名古屋市東区大曽根の国道19号
（昭和37年　写真提供／名古屋タイムズ・アーカイブス委員会）

昭和30年代のバス●全国版
バスが走る日本の原風景

中国・四国編

中国山地を隔てた日本海側と瀬戸内海側で、趣は大きく変わる。
商業施設や鉄道経営も手がける事業者が集う瀬戸内海側と、
数社の大手事業者が保守的経営を行う日本海側——。
四国では電鉄系・鉄道系の事業者が昔から強かった。

鉄砲町電車通り
荷車を曳く馬と日産３９０

雨後の泥道を、荷車を曳いた馬と日産のボンネットバス３９０がゆく。昭和20年代には、比較的大きな都市でもまだこうした光景がみられた。日産のボンネットバスは戦後、トラックシャシーの１８０からスタートし、２９０、３９０、４９０と１００番単位で発展していった

広島市中区の鉄砲町電車通りで
（昭和25年頃　車体◎富士重工業　写真／中国新聞社）

松江と広島の間を結ぶ一畑電鉄の夜行バス

昭和20年代、各地で長距離夜行バスが登場。一畑電鉄でも島根と広島を結ぶ便を開業した。なお、一畑電鉄のバス部門は平成11年8月27日より「一畑バス」として独立している
(昭和7年9月3日　車体◎三菱ふそうB25　富士重工業　写真／毎日新聞社)

上から見た昭和時代の広島バスセンター其ノ一

国鉄、広島電鉄、芸陽バス、備北バスなどさまざまな事業者が乗り入れる広島市中区の広島バスセンター。昭和30年代後半に入り、どこの事業者でもすでにボンネットバスからリアエンジンへの置換えが済んでいる
（昭和45年頃　写真提供／広島市公文書館）

上から見た昭和時代の広島バスセンター其ノ二

広電バスでは日野のブルーリボンが数多く導入された。この写真でも同社のバスが3台ほど見られる。なお、右手奥に見える広島城の天守閣は昭和33年、広島復興大博覧会の際に復元されたものである
（昭和45年頃　写真提供／広島市公文書館）

上から見た昭和時代の広島バスセンター其ノ三

広島バスセンターは昭和32年7月29日の開業。それまで国鉄バスの「紙屋町」という小さなバス駅があったあたりに、大きなバスターミナルが誕生した。写真のボンネットバスはいずれも広島電鉄バスで、軌道がぶつかるあたりに見える中央の車両は日産車。そして手前と、奥のターミナルの角を左折しようというバスがいすゞのBX系である
（昭和35年頃　写真提供／広島市公文書館）

赤澤酒店

昭和37年——
大雪の高松、立ち往生のバス

車室中央の下部にエンジンを搭載したブルーリボンは、降雪時や悪路に弱かった。高松市内（香川県）の山間部で大雪となり立ち往生。運転士と車掌がバスを降りて相談している
（昭和37年1月 車体◎金産自動車工業 写真提供／四国新聞社）

昭和39年――高松駅前のロータリー

琴電バス（現・ことでんバス）では、ふそうのリアエンジンバスＲ２００〜４００番台が活躍した。多くは呉羽自動車工業製の車体を架装、角にアールのついた丸いフォルムが特徴的である。香川県の高松駅前にて
（昭和39年　写真提供／四国新聞社）

観光用リアエンジン車　琴電バスの民生ＲＦ91

昭和30年代に製造された民生のリアエンジンバスは、型式番号によりボディメーカーがわかるようになっている。「ＲＦ」が富士重工業製ボディ、「ＲＳ」が新日国工業製ボディである
（昭和35年頃　写真提供／高松市歴史資料館）

高松市中央通り
琴電バスの路線用車両

大正15年に開通した高松市（香川県）の中央通り。表示幕に「コトデン」と掲げたバスも見える（右手前）。

（昭和25年頃 写真提供／高松市歴史資料館）

高松市庁前
レントゲンバス「せと号」

エンジンを前方に搭載したキャブオーバーバスは特殊ボディの架装車に多かった。メートル法の制定を知らせる垂れ幕を掲示する高松市庁前にて
（昭和35年頃 写真提供／高松市歴史資料館）

溝口
52-57

山陰の田舎道を走る日ノ丸自動車のBD31

センターアンダーフロアーエンジン車は、
ホイールベースの長さや前扉・中扉専用車の違いにより
さまざまなバリエーションを生んだ。
しかし、メンテナンスに手間がかかることなどから、
(特殊ボディ架装車を除き)昭和50年で生産終了となった
(昭和30年頃 車体◎帝国自動車工業
写真提供/日ノ丸自動車)

国鉄の愛宕《あたご》踏切を渡る広島バス・広電バス

野菜をいっぱいに積んだオート三輪とすれ違う――。
平成22年現在も係員が手動で開閉している踏切として知られる
広島県広島市の愛宕踏切（山陽本線・芸備線）にて。
中央は日産のU390、
手前はフロント部分が切れていて推測するしかないが、
サイドのルーバーの形状から
日産か民生の車両だろうと思われる
（昭和25年頃　写真提供／広島県立歴史博物館）

大型ボンネット車いすゞBX91

いすゞのBX系は昭和8年に製造された
BX35／40／45を礎として、
戦後初のバス用低床シャシーBX80、そしてベストセラーとなった
BX91／95へとつづいてゆく。写真は広島県の
三原市営バス（平成20年3月31日廃止）で採用されたBX91。
昭和22年に道路交通法が施行され、
車体に「左側通行」の文字が書かれている
（昭和24年3月6日　車体◎川崎重工業　写真提供／朝日新聞社）

昭和30年代のバス●全国版
バスが走る日本の原風景

九州編

各県に大手事業者をもつ九州。
なかでも西日本鉄道は福岡県を中心に広く路線事業を展開、
戦後は西日本車体工業という車体製造会社も興した。
そのほか、対馬・五島といった島嶼部でも比較的早い時期から
路線バスが開通していた。

明治から続く繁華街
別府・流川通りをゆく木炭バス

明治3年開港の大分県・別府港。その別府港から別府ケーブル遊園地（現・ラクテンチ）まで続く通称流川通りは、明治の頃から続く有名な繁華街であった。修学旅行生だろうか、制服を着た少女たちの後ろを大きな代燃ガス発生装置を積んだ木炭バスがゆく
（昭和22年10月 写真提供／毎日新聞社）

SPEED
15
M.P.H.

日南海岸を臨むサボテン公園と日野BH系観光車

宮崎県日南市のサボテン公園（のちサボテンハーブ園）は昭和12年にオープン。園内の食堂ではサボテンステーキが出るなど、変わった趣向で昭和30年代には多くの観光客を集めたが、時代とともに徐々に入園客が減少。平成17年3月31日、68年の歴史を閉じた。写真は日南海岸を臨む道路をゆく、日野BH系の観光型車両。車内には、白いカバーをかけたゆったりとしたロマンスシートが並ぶ
（昭和30年11月 写真提供／毎日新聞社）

代燃バスに使う薪を運ぶ高等小学校の生徒ら

昭和17年、戦況が逼迫する中で石油は軍事用に供出し、バスの燃料は薪やコークスなどに代わってゆく。勤労奉仕で高等小学校の生徒たちも薪の運搬に借り出された。佐賀の祐徳国民学校で
（昭和17年 写真提供／毎日新聞社）

雲仙観光用に造られた長崎県営のオープンバス

昭和24年5月19日から長崎県営バスで運用された、雲仙観光用のオープンバス。ベースはいすゞBX系ボンネットバスで、写真を見る限り定員は（乗務員を除き）15～16名程度だったようだ。車体側面には「長崎県公共事業部」。昭和25年8月から社名は「長崎県交通部」となっているが、それ以降もオープンバスは旧社名のまま運用されていた
（昭和30年6月　写真提供／毎日新聞社）

津屋崎海岸付近をゆく臨海学校の西鉄団体バス5台

昭和21年、西鉄バスは自社の運用台数を安定させるために、ボディメーカー・西日本車体工業を設立。いすゞ、民生、三菱ふそうなどのシャシーにボディを架装した。いすゞBX系ボンネットバスに、民生コンドル・BR系が続く
（昭和30年頃　写真提供／日本古写真倶楽部）

長崎・島原鉄道昭和20年代のNSKボディ

島原鉄道のバス事業は昭和5年と古い。現在は諫早～長崎空港や、島原港～大牟田の高速路線ももつ。写真は昭和20年代のもので、車体にボディメーカーNSK（西日本車体工業）の文字が大書きされているのは珍しい。乗降口左に書かれた「め」は「締め切り」だろうか
（昭和25年頃　写真提供／日本古写真倶楽部）

再生した浦上天主堂といすゞＢＡ系川崎車両

戦災で廃墟となった浦上天主堂（長崎県）の跡地に、新しい天主堂ができたのは昭和34年11月。現在も日本最大級のカトリック教会として知られている
（昭和34年　車体◎いすゞＢＡ系　川崎重工業　写真提供／毎日新聞社）

九州産業交通
ロマンスシートの日野BH10

日野のBH系はホイールベース5000㎜で、ボンネット車両としては異端といえるほどのロングホイールベース車であった。これが輸送効率の向上を目指した各地の事業者に受け、全国へと送り出された（昭和30年頃　車体◎西日本車体工業　写真提供／日野自動車）

関門トンネル開通式 山陽電気軌道の民生RX系

昭和33年3月、関門国道トンネル（福岡県）が開通。その記念祝賀パレードにて。5台、6台と連なってトンネルを抜け門司側に到着したのは山陽電気軌道の民生RX系車両。山陽電気軌道は昭和2年7月に設立した会社で、長府、下関、幡生などを結ぶ路面電車を運行していたが、昭和46年2月に鉄軌道は全廃。バス部門は社名をサンデン交通とし、現在も営業を続けている
（昭和33年3月9日　車体◎西日本車体工業　写真提供／読売新聞社）

鹿児島・喜界島の日産ボンネット車×2台

喜界島の乗合バスは町営バスとしてスタートしたが、現在は民間業者のマルエーフェリー（東京～沖縄の長距離フェリーや大型貨物船を運航）が運行している。町営時代から路線網は変わらず、北本線（島を時計回りに一周）、南本線（逆時計回りに一周）、中央線（海に面しない集落を経由）のわずか3系統のみである
（昭和30年頃　車体◎日産U490　富士重工業　写真提供／喜界町役場）

西鉄米山線 旧塗装のいすゞBA351

大牟田市内（福岡県）の米山線で運用されたいすゞBA351。写真の昭和35年頃は、正面窓の回りと側窓から上がクリーム、車体下部はブルーグリーンに青帯という塗色パターンだった。車体の脇にはライオンをあしらった西鉄のエンブレムが輝いている（昭和35年頃　車体◎西日本車体工業　写真提供／はーさん）

対馬《つしま》・厳原町《いづはらまち》のボンネットバス「KASHII BODY」

長崎県・対馬でバス事業を行う対馬交通は、昭和3年10月に厳原自動車商会としてスタートした。その頃、島内には数社のバス事業者が存在したが昭和16年に統合し対馬交通となった。リアに書かれた「KASHII BODY」は福岡県内のローカルコーチ・香椎（かしい）自動車工業（のち渡部自動車工業、平成13年6月廃業）を示す（昭和23年11月1日　写真提供／読売新聞社）

八代市催合町《もやいまち》停留所の乗合馬車

熊本県八代市の催合町には球磨川（くまがわ）河口の金剛干拓地までを結ぶ乗合馬車があった。乗合馬車の停留所だった場所は同時に、八代と日奈久（ひなぐ）を結ぶバスの停留所にもなっていた（昭和30年9月21日　写真提供／八代市立博物館　撮影／麦島勝）

運行中のパンクで修繕にあたる乗務員ら

未舗装の悪路が多かった時代には、運行中のパンクも日常茶飯事だった。そうなるとダイヤが乱れると同時に、狭い道路では渋滞・混雑——。現在よりも「定時運行」が困難な時代だった（昭和40年8月21日　写真提供／八代市立博物館　撮影／麦島勝）

球磨川沿いの砂利道を走る右側乗降のいすゞBX

現在は合併で八代市となっている熊本県八代郡坂本村。ここから八代市の中心街へゆくのには、球磨川沿いの砂利道を通らねばならなかった。狭く未舗装の砂利道はハンドルを取られて運転は困難を極めた。なお、現在の道路交通法が制定されたのは昭和35年6月25日。写真はそれ以前のもので、車掌が進行方向右側、左側に運転士が乗務。乗降口も右側に設置されている
(昭和27年9月2日 写真提供/八代市立博物館 撮影/麦島勝)

貸切バスで新郎家へと向かう花嫁とその縁者

婚姻の契りを交わす晴れの日。仲立ちさんを先頭に、貸切バスに乗り新郎の家へと向かう
(昭和28年4月5日 写真提供/八代市立博物館 撮影/麦島勝)

昭和30年代のバス◉全国版
バスが走る日本の原風景

沖縄編

沖縄にバスが走ったのは大正8年。

その後、公営・民営の小さなバス事業者が各地で細々と路線バスを走らせていた。

昭和20年から沖縄は右側通行。そして昭和53年7月30日に一斉に左側通行となった。

これが「ナナサンマル」と呼ばれる交通革命だった。

ツーマン時代の沖縄 女性車掌が集合

車掌の制服スタイルは、沖縄も本州も変わりない。ただし、この頃の乗降口は右側にある（現在は左。詳細はＰ１０８参照）
（昭和30年頃 車体◎いすゞＢＸ系 車体製造会社不詳 写真提供／沖縄バス）

開南停留所に到着した 首里バス「翼」

終点・開南に到着、車掌が乗降口で運賃の精算を行う。首里バスは、戦前から車体の後方に漢字1文字を記していた。多くは「桜」「桧」など植物だったが、中には写真のように「翼」という文字のバスもあった
（昭和39年2月 写真提供／沖縄県公文書館）

行き先に英文表記「NAGO」本島北部・国頭村で

昭和39年、沖縄青バスと統合して琉球バスとなった（平成18年からは琉球バス交通）昭和バスの、いすゞBA系・川崎ボディ搭載車。集落内のほとんどが森林だという沖縄本島北部、国頭村（くにがみそん）の狭隘な路地で（昭和36年9月　写真提供／沖縄県公文書館）

水陸両用車を利用した沖縄復帰前の水上バス

米軍の水陸両用車を利用した水上バス。島同士を連絡する交通機関として、旅客・貨物輸送両方で活躍した（昭和36年8月22日　写真提供／那覇出版社）

旧型フロントのいすゞBX×2 昭和26年の糸満ロータリー

現在は糸満市（いとまんし）で最も交通量の多い交差点だといわれる糸満ロータリーだが、昭和26年のこの頃はまだのどかな雰囲気が漂っていた。ボンネット部分の脇に前照灯が装着された旧型フロント（写真左）と、フェンダーに前照灯が埋め込まれた2代目のフロント（写真右）の車両はいずれもいすゞBX91型
（昭和26年 車体◎いずれも川崎重工業 写真提供／那覇出版社）

舗装後間もない具志川村のバス通り

トヨタのボンネットトラックなどが停まる具志川村（ぐしかわそん）のバス通り。写真の沖縄バス・いすゞBA系車両も、行き先に英文を表示している。具志川村は昭和43年7月から具志川市に
（昭和36年9月 車体◎川崎重工業 写真提供／沖縄県公文書館）

「ユ」が4つと「リ」で首里バス　オキコパーラー前

鉄道車両のステンレスカーのごとくコルゲート加工された車体の側面に、大きく社章を書き抜いた首里バスのいすゞBA系リアエンジンバス。首里バスの社章は「ユ」を4つ組み合わせ、その中に「リ」を入れたユニークなものだった。後ろの建物はオキコパーラー。「オキコ」は現在県内最大の製パン業者に成長している
（昭和40年6月　車体◎川崎重工業　写真提供／沖縄県公文書館）

赤瓦の民家が並ぶ美里村をゆく「銀バス」

沖縄県中頭郡（なかがみぐん）にあった美里村（みさとそん）は、明治41年の「沖縄県及島嶼町村制」施行で誕生した古い集落であった。しかし昭和49年にコザ市と合併、沖縄市となり「美里村」の集落名は消滅した。写真は伝統的な沖縄の「赤瓦」を使った民家の脇をゆく、那覇交通のいすゞBA系車両。那覇交通は昭和26年の開業。銀色を基調とした塗色パターンだったことから「銀バス」の名で愛されてきたが、平成16年経営不振により子会社の那覇バスに営業を移管している
（昭和34年7月6日　車体◎川崎重工業　写真提供／沖縄県公文書館）

カケイお
朝日商会
TAXI

右側通行の昭和35年初期 那覇市国際通りの風景

那覇市で最も賑やかな繁華街・国際通り。「国際通り」の名は昭和23年、通り沿いに開館した「アーニー・パイル国際劇場」からつけられた。手前右の「朝日商会」は、現在沖縄三越となっている場所である
（昭和35年　写真提供／那覇出版社）

終戦後、復帰前の沖縄バス営業所

那覇、辺土名（へんとな）、屋慶名（やけな）の沖縄バス出張所。辺土名、屋慶名は開放的な建物の雰囲気がいかにも沖縄らしい（昭和25年頃　写真提供／沖縄バス）

沖縄バス株式會社辺土名出張所

沖縄バス株式會社那覇出張所
沖縄バス

特集　沖縄　乗合自動車《バス》の現在《いま》・過去《むかし》

沖縄のバス　黎明期

沖縄に初めてバスが走ったのは大正8年のことだった。沖縄県国頭郡出身の実業家、山入端《やまのは》隣次郎《りんじろう》がアメリカよりT型フォードを輸入、これを運用してバス事業を開始したのである。初めての路線バス運行区間は那覇～名護。この間を結ぶ国頭街道は、開通してわずか4年だった（大正4年開通）。

バス事業の開業は沖縄の交通に改革をもたらした。大正3年より大門前～首里の間を結んでいた路面電車・沖縄電気軌道は、バス事業者の数が増えてゆくと同時に姿を消している（昭和8年8月12日全廃）。

昭和5年新垣《あらかき》バス（新垣義堅が創業）、昭和7年昭和バス（久保田盛春が創業）と民間事業者のバスが開業するなか、昭和10年には首里市が那覇～首里の間で路線バス事業を開始した。首里市営バスは戦後（昭和26年）民間に移管され「首里バス」と名称を変更。鮮やかな紺色のボディカラーで活躍したが、「銀バス」の名で親しまれた那覇交通との競合に破れ、同社に吸収合併された（昭和49年）。なお、同社は現在、経営者が代わり（福岡のタクシー会社・第一交通産業）那覇バスとして経営を続けている。

戦中戦後、アメリカ軍の影響はバス事業にも及んだ。昭和22年、米軍が「公営バス」として路線バスを開業。同社は昭和25年に沖縄バスと社名を変え、現在は琉球バス交通に次いで、県内2番目の規模をもつバス事業者に成長している。また昭和20年6月24日、沖縄を占領していたアメリカ軍は同地を右側通行とした。沖縄の右側通行は昭和53年7月30日の交通法変更、通称「730」まで続いた（詳しくは後述）。

沖縄バス事業者の分離・統合・整備

昭和20年代後半に入ると、のちに東陽バスと名を変える共同バスが昭和25年開業。また「銀バス」こと那覇交通が昭和26年に開業し、同年にはのちに琉球バス交通として県内一の規模となる「沖縄青バス」も開業した。

その一方で、あらかき平尾バスが開業3年目で協和バス、合同バスなどとともに那覇交通に合併し、また「桜バス」として親しまれ

昭和44年7月、沖縄の知花（ちばな）弾薬庫施設内・レッドハット・エリアで毒ガス事故が発生。付近の住民は避難用バスで退避した。このとき使われたバスは「GMC」のエンブレムをつけたアメリカ製バスだった（昭和44年7月 写真提供／沖縄県公文書館）

この頃はまだ右側通行であった。昭和バス、那覇交通などの車両がところ狭しと並ぶ。
沖縄県那覇市の安里付近で（昭和35年頃 写真提供／那覇出版社）

た沖縄交通バスも同じく那覇交通と合併した。この時期、沖縄では新興のバス事業者が次々と誕生する一方で、県内各地の事業者の整備が進んだのだった。

沖縄の交通の中心・那覇バスターミナル

那覇バスターミナルができたのは、昭和34年8月27日のことである。戦前には沖縄の鉄道線の中心駅だった那覇駅の跡地に建てられ、円弧型にバス停が並ぶユニークな姿となった。現在、沖縄で路線バス事業を行う4社（琉球バス・沖縄バス、東陽バス、那覇バス）のうち、那覇バス以外の事業者が営業所をもち、事実上県内の交通の中心地となっている。

なお、平成15年に沖縄都市モノレールが開業し、那覇バスターミナル付近に旭橋駅が設置された。これに伴い、那覇バスターミナル周辺は再開発されることとなった。この再開発により地上13階、地下1階建ての複合ビルが建設される予定で、平成24年には完成する見込みとなっている。

沖縄の交通が変わった「７３０」の日

沖縄は太平洋戦争中、米軍との地上戦が行われ、終戦後、米軍の統治下に置かれていた。沖縄の返還は昭和47年5月15日だったが、それ以降も「人は左側通行、自動車が右側通行」という交通法は改変されることがなかった。しかし、ジュネーブ交通条約で「一国一交通制度」が定められていたため、返還後は国内の他の地域と統一する必要があった。

そこで、昭和53年7月30日より「人が右側通行、自動車が左側通行」と交通法が改変されることとなった。

改変の前日、昭和53年7月29日は22時から県内全域で一般車両の通行止めが実施された。交通量の多い幹線道路では、前日から改変後の（左側通行の）標識を設置、これをカバーなどで覆って隠しておき、通行止めが解除される翌7月30日の6時に一斉にカバーを右側通行の標識にかぶせなおすことで対応した。また、道路上の右左折表示などについても同様にカバー等で覆うなどして切り替えた。このユニークな改変方式は、７３０交通改革の責任者であった久高弘によるものだった（この改変方式は「久高方式」と呼ばれている）。

また「７３０」当日の交通整理には、全国の警官らが応援要員として駆けつけたほか、改変の瞬間を見ようと県外からもやじ馬が詰めかけたという。この「７３０」で、バス事業者らはとくに大きな影響を受けた。乗降口を左側に備えた車両を一斉に導入しなければならなかったのである。

そのため、事業者ごとにシャシーメーカーを統一（琉球バス／日産ディーゼル、沖縄バス／三菱ふそう、那覇交通／いすゞ、東陽バス／日野）して製造した。昭和53年式のバス車体は「７３０車」と呼ばれ、平成12年以降現役で活躍していたが、現在は沖縄バス（三菱ふそうＭＰ１１７Ｋ）・東陽バス（日野ＲＥ１０１）にそれぞれ1台残るのみとなっている。

上　昭和30年代の国際通り。右手に見える琉球銀行は昭和23年に米軍政府により「特殊銀行」として設立された（昭和30年頃 写真提供／那覇出版社）

下　八重山列島・西表島のバス。本島から遠く離れたこの地でも、いすゞのボンネットバスが運用されていた（昭和30年頃 写真提供／那覇出版社）

昭和30年代のバス●全国版

バスが走る日本の原風景

バス廃線アルバム

交通事情の変化、モータリゼーションの波――。
時代の移り変わりによって利用客が減り、廃止・統合され消えていった
バス事業者はこれまでに数知れない。
その中でも長い歴史をもち、多くの人々に愛された
いくつかの路線を紹介する。

ニコニコバス

大正10年ニコニコ自動車商会として創業。
新市自動車への吸収合併を皮切りに、近隣の中小事業者を統合して路線拡大を図る。
昭和39年8月ニコニコバス時代に尾道鉄道と合併、昭和45年2月より中国バスとなる。
平成18年12月1日からは両備グループの傘下となり、新生「中国バス」として再生した。

正面に庇をつけた特徴的な川崎製ボディを架装した、いすゞBA系リアエンジンバス。
広島県福山市にあった福山繊維ビルの前にて。「繊維ビル」は、服飾関係の店舗や企業が入居していたことからつけられた名称だが、晩年はライブハウスやファストフード店などが入居する雑居ビルとなっていた。
老朽化により、平成20年9月に取り壊されている（写真提供／西日本車体工業）

戦前開業のバス事業者が合併して路線を拡大

現在の中国バスのルーツは昭和6年開業の新市自動車、そして大正10年開業のニコニコ自動車商会である。新市自動車は、現在広島県福山市となっている広島県芦品郡新市町で創業。フォード製の小さな乗用車を購入して、バス事業を行っていたが、近隣のニコニコ自動車商会と合併した（合併時期は不詳）。その際、社名はニコニコ自動車商会としている。

昭和36年にニコニコバスと社名を変更。この当時の車体カラーは、グリーン・赤・青とビビッドな色合いだった。なお、この車体塗装は現在、広島県の福山自動車時計博物館で動態保存されている日産U690に見ることができる。

昭和39年に尾道市で鉄道事業を行っていた尾道鉄道が廃線となり、これを合併した。それとともに中国バスと名称を変更する。広島県東部の備後地方を中心とした路線バス事業のほか、高速バス部門にも進出するなど、順調に営業成績を伸ばすかと思われた。しかし、閑散地を走るローカル路線も多く、自動車の普及が進むと徐々に利用客は減少、昭和50年代後半になり経営状態は悪化した。

そして平成18年12月に両備バスに経営権を譲渡、両備ホールディングスの傘下となった。中国バス系列の企業だった中国商事なども同時に両備ホールディングスに統合された（サルボ両備と社名変更）が、タクシー・観光事業部門のニコニコ観光は、独立経営を行うことになり、「ニコニコ」の社名は引き続き残されることとなった。

新市自動車開業当時の一コマ。
後ろに見えるのは本社社屋である
(写真提供／中国バス)

上と同じく新市自動車の開業当時。
昭和一桁のこの頃は、まだフォードなど
外国製自動車が主だった
(写真提供／中国バス)

年表

1921年(大正10年)
ニコニコ自動車商会で開業

年代不詳
新市自動車に統合合併。
社名はニコニコ自動車商会

1941年(昭和16年)
福神自動車合併

1961年(昭和36年)
ニコニコバスと改称

1970年2月(昭和45年)
(初代) 中国バスとして再生

2006年(平成18年)12月1日
(第2代) 中国バスとなる

35. 7.20 改正
帝 釈 峡 遊
(備 北 交 通)
(ニコニコ自動車)
※＝呉ケ峠.始発.終着
＊＝呉ケ峠乗換へ

700	900	1125	1430	1600	1850	↓	円	発 東城 着	↑	800	920	1110	1310	1500	1900
740	940	1205	1510	1640	1930		60	〃 帝釈 発		720	840	1030	1230	1420	1820
850	1050	―	1620	1750	―		180	着 備後庄原 発		…	730	920	…	1310	1710

円	上下 発	↓	※	※	*740	*835	1030	…	*1305	1525	1640	*1730	※	…	…
120	神竜湖 〃		715	815	910	1000	1155	1220	1450	1650	1805	1920	2255	…	…
160	東城 着		745	845	940	1030	1225	1245	1520	1720	1835	1950	2320	…	…
円	東城 発	↓	630	750	855	1000	1130	1300	1415	1530	1615	1730	1840	…	…
40	神竜湖 〃		*700	820	920	1030	1200	1330	1445	*1600	1645	1805	1910	…	…
160	上下 着		825	945	―	※	1325	―	1610	1725	1810	1930	※	…	…

時刻表●昭和 35 年 7 月 20 当時のニコニコバス 時刻表
この当時の社名はニコニコ自動車商会であった。上下、東城といった広島県の備後地方を中心に路線を持っていた
(日本交通公社時刻表 昭和 35 年 8 月号より抜粋 資料提供／ JTB パブリッシング)

9/1現在
ニコニコバス

…	…	…	…	715	…	…	1125	…	…	1600	…	…	↓	230	福山駅	↑	―	950	―	―	…	―	1445	―	―	1843	―	―
…	…	733	850	‖	1030	1303	‖	1530	1735	‖	…	2000		円	●上下駅		721	‖	927	1015	―	1308	‖	1518	1707	‖	1827	1933
654	…	835	947	951	1127	1400	1401	1630	1832	1836	…	2057		130	呉ケ峠		624	716	830	918	1041	1211	1211	1416	1610	1609	1730	1836
710	755	857	―	1013	1149	―	1423	1652	―	1858	1906	―		180	○神竜湖		624	654	808	…	1019	…	1149	1354	…	1547	1659	1814
740	820	921	…	1037	1214	…	1447	1716	…	1922	1930	…		230	●東城駅		600	630	744	…	955	…	1125	1330	…	1523	1635	1750

太字‖呉ケ峠のりかえ

9/1現在
ニコニコバス
備北交通

637	830	1145	1452	1616	1720	↓	100	●東城駅	↑	750	1018	1326	1438	1730	1858
714	907	1222	1529	1653	1757		円	○帝釈		713	941	1249	1401	1653	1821
815	―	―	1630	―	―		230	●備後庄原駅		…	…	…	1300	…	1720

9/1現在
ニコニコバス

730	951	1630	↓	円	呉ケ峠	↑	820	1416	1720	…
753	1016	1655		…	土生		753	1351	1655	…
―	1043	―		110	○帝釈		…	1324	…	…

時刻表●昭和 44 年 9 月 1 日当時のニコニコバス 時刻表
昭和 40 年代に入り、福山駅に路線を延長している。また、社名はニコニコバスと改称した
(日本交通公社時刻表 昭和 44 年 9 月号より抜粋 資料提供／ JTB パブリッシング)

日本水郷観光自動車

茨城県行方郡《なめがたぐん》潮来《いたこ》町（現・潮来市）に本社をもち、茨城県南部の水郷地方で路線バス事業を展開した。
発足は昭和23年で、当時の社名は水郷観光。路線バス事業は、日本水郷交通発足の
昭和29年と同時に開始した（観光事業は水郷観光時代の昭和25年より）。
なお、1952年（昭和27年）に日本水郷交通と水郷汽船を合併。水郷汽船は霞ヶ浦、北浦に航路を持つ船舶事業者であった。
昭和40年に船舶部門を分離、社名を日本水郷観光自動車としている。

佐原駅（千葉県）を出発する
三菱ふそうK-MP系車両。
フロント中央部に「日本水郷」と
記されていなければ、関東鉄道グループ
他社の車両との区別は難しい
（昭和50年頃 写真提供／佐藤信之）

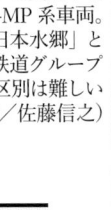

年表

1948年（昭和23年）
水郷観光として開業

1950年（昭和25年）
一般貸切事業を開業

1952年（昭和27年）
水郷汽船を合併、水郷観光交通に

1954年（昭和29年）
日本水郷交通が発足、バス事業を開始

1959年（昭和34年）
水郷観光交通が乗合事業を開始

1965年（昭和40年）
水郷観光交通が船舶部門を分離

1967年（昭和42年）1月
水郷観光交通、日本水郷交通の合併により、日本水郷観光自動車が誕生

船舶事業者として誕生、のちバス専業へ

日本水郷観光自動車のルーツは、昭和25年に開業した水郷観光で、開業当時はバス事業のほか、北浦・霞ヶ浦で船舶事業を行っていた。北浦・霞ヶ浦の船舶事業は、高瀬舟の時代だった江戸期からあり、明治期には東京の事業者も参入して激しい競争が行われていたのである。

そうしたなかで、昭和27年には同じく船舶事業者の水郷汽船と合併、水郷観光交通と社名を変更している。

昭和30年代、茨城県内ではまだ各事業者の統合・合併が進んでおらず、各地を走る鉄道線の沿線で地元の中小事業者が細々とバス事業を行っていた。水郷観光交通時代は、そうしたローカルバス会社のひとつだった。

昭和40年に県内の常総筑波鉄道と鹿島参宮鉄道が合併。関東鉄道という大手交通事業者が誕生。これとともに、県内各地の中小事業者の吸収・統合が進んだ。

水郷観光交通も関東鉄道グループの傘下となり、同時に船舶事業を分離してバス専業事業者になった。昭和42年には、昭和29年よりバス事業を開始していた日本水郷交通と合併し、日本水郷観光自動車と社名を変更している。

長らく、青灰色×水色の関東鉄道カラーで、佐原・鉾田など千葉・茨城両県の水郷地帯のバス路線を担当していた。しかし、平成10年10月からは県内の日本観光バス、龍ヶ崎観光バス（いずれも関東鉄道グループ）と合併、関鉄観光バスと社名を変更して、貸切・乗合バス事業を続けている。

6/2 現在	755	835	935	…	…	…	1305	…	…	…	1635	1725	1805	↓	円	香取神宮	↑	751	832	916	…	…	…
	800	840	940	…	…	…	1310	…	…	…	1640	1730	1810		15	香取駅		746	827	911	═	═	═
	816	855	955	1032	1115	1205	1325	1410	1530	1605	1655	1745	1823		30	佐原駅		732	813	857	938	1033	1158
日本水郷	829	908	1008	1045	1128	1218	1338	1423	1543	1618	1708	1758	═		50	閘門		720	800	845	925	1020	1145
観光自動車	834	913	1013	1050	1133	1223	1343	1428	1548	1623	1713	1813	…		60	篠原新田		715	755	840	920	1015	1140

時刻表●昭和44年6月2日現在の日本水郷観光自動車 時刻表
香取神宮～佐原～閘門（こうもん）の区間は、水郷観光交通の開業当時に運行が開始されている
(日本交通公社時刻表 昭和44年6月号より抜粋 資料提供／JTBパブリッシング)

47.12.10現在　〔日本水郷観光自動車・129〕　T. 潮来)2993 (2) 2614

…	…	…	…	┌	650	820	1025	1150	1435	1615	1755	円	佐原駅	637	休	755	922	1127	1407	1557	1727	…	…	…	…
…	…	…	…	休	701	831	1036	1201	1446	1626	1806	40	閘門	629	日	744	914	1119	1359	1549	1719	…	…	…	…
…	…	…	…	日	712	842	1047	1212	1457	1637	1817	70	水生植物園	618	運	733	903	1108	1348	1538	1708	…	…	…	…
…	…	…	…	運	716	846	1051	1216	1501	1641	1821	80	扇島	614	休	729	859	1104	1344	1534	1704	…	…	…	…
…	…	…	…	休	720	850	1055	1220	1505	1645	1825	100	潮来	610	┘	725	855	1100	1340	1530	1700	…	…	…	…

時刻表●昭和47年12月10日現在の日本水郷観光自動車 時刻表
昭和40年代に入り、関東鉄道の傘下となった。また、それとともに本社も潮来に移されている
(日本交通公社時刻表 昭和47年12月号より抜粋 資料提供／JTBパブリッシング)

北丹鉄道

大正12年9月22日、京都府の福知山～河守《こうもり》を結ぶ鉄道事業者として開業した。

会社設立当時は北丹《ほくたん》軽便鉄道という社名であったが、路線開業前に北丹鉄道と社名を改称されている。

銅の採掘鉱山だった河守鉱山の貨物輸送などが主な収益で、バス路線は鉄道線を補完するものとして開業した。

昭和44年に河守鉱山が閉山すると、一気に経営悪化が進み、
昭和46年にバス・鉄道とも休止、昭和49年に廃止となった。

いすゞのBX系車両が線路脇に打ち棄てられていた。北丹鉄道では比較的早期にリアエンジンバスへの置換えが進んだ。昭和40年頃（写真提供／福知山土地開発公社）

貸切用に用意された三菱ふそうR280、新三菱工業ボディ。自社のバスガイドはいなかったため、京都交通から人員を借りていたという（写真提供／小田健一）

年表

1923年（大正12年）9月
福知山～河守で鉄道事業開始

1971年（昭和46年）3月
鉄道・バス事業運休

1974年（昭和49年）2月
鉄道・バス事業廃止

赤字私鉄と並行してバスを運行

福知山～河守を結ぶ北丹鉄道の路線沿線で、同社のバスが運行していた。鉄道も開業時から赤字の続くローカル路線だったが、バスも経営状態は良好とはいえなかった。それでも、観光用の貸切車両も保有していた。社内にバスガイドを持っていなかったため、近隣の京都交通より、人員を貸借して配置させていた。

現在、第3セクター経営の鉄道（北近畿タンゴ鉄道）となっている国鉄宮福線は、開業前は宮津～河守の宮守線《みやもりせん》として計画されていた。この路線が開業すれば、北丹鉄道を乗り継ぎ、福知山～宮津を直通できることから、赤字がかさみつつも営業を続けていた。しかし、駅舎等の施設が老朽化し、また河守鉱山の閉山により利用客が減少すると、昭和46年3月で休止、3年後の昭和49年2月に廃止となった。

路線バスは休止前に京都交通の傘下となり北丹交通と社名を改称、鉄道沿線の未舗装道路を走っていた。休止前の在籍車はいずれも10年、20年と長期間運用された車両が多く、徹底した合理化によりサービスの向上も望めなかった。

未舗装の砂利道が多かった沿線

運用車両は、いすゞ、三菱ふそうが多かった。また、沿線は未舗装の砂利道が多かったことから、ボンネットバスからリアエンジンバスへの置換えは比較的早かった。福知山駅前の小さなバス停から一日5往復、鉄道終点の河守の先の下二箇集落までを結んでいた。

札幌市営バス

北海道札幌市が運営するバス事業者として昭和５年に開業。札幌市営バスで注目されるのは、
昭和20年代後半から導入されたセミステンレスバス、および昭和25年８月から導入された寝台バスであった。
寝台バスは民生、いすゞ、日野の３社のシャシーに架装された。市電や地下鉄と共に、札幌市の交通網を形成していたが
昭和50年代に入って赤字額が膨らみ、段階的に北海道中央バスやじょうてつバスに路線を譲渡。
平成16年４月１日をもって全路線の譲渡を完了した。

札幌オリンピックでも使われた
ジャンプ場、宮の森シャンツェ前の
折り返し場で転回する日野 RE100
(日野車体)
(昭和60年 写真提供／菊池正人)

セミステンレスカー・寝台バスを試験採用

札幌市交通局のバス事業開始は古く昭和5年。貸切事業も5年後の昭和10年からスタートしている。札幌市内のほぼ全域に路線網を広げ、道内の公営バス事業者の中でも特に精力的な営業を行った。

札幌市営バスが、全国で話題を呼んだのは、昭和30年代に導入されたセミステンレスバスだった。鉄道車両では、浸透しつつあったステンレス素材だったが、加工のしにくさなどからそれまでバス用に使われることはなかった。この鋼材の採用は、当時の札幌市交通局長の大刀《だいとう》豊《ゆたか》だった。同氏は市電に気動車を採用、地下鉄をゴムタイヤにするなど、ユニークな試みを行った名物局長であった。

札幌市営バスでは国内唯一の寝台バスも登場した（昭和35年8月）。これは札幌市から函館、網走などの長距離バスに採用するべく試験導入されたもので、セミステンレスバスが採用された。寝台は上下2段式で、トイレはなかった。試験走行中、重心の高さから横転事故を起こし、これにより法規上寝台バスは認可されないこととなった。この試験車が成功すれば、のちに寝台バスは発展していた可能性もあったことを考えると惜しまれる。

多種のシャシーメーカーが参入

昭和30年代、札幌市電と札幌市営バスが並んで走る姿は象徴的で、観光客の利用者も多かったが、モータリゼーションにより、徐々に経営は悪化。市電の系統数を減らすとともに、平成15年からはバス路線も少しずつ、北海道中央バス、じょうてつバス、ＪＲ北海道バスといった民間事業者への譲渡を進めていった。

昭和30年代の採用車両は、札幌オリンピックを機会に大型化。いすゞ、三菱ふそう、日産ディーゼルの3社が採用されていたが、中でも日産ディーゼルの4Ｒ系リアエンジンバスは多くの営業所に配置されている。

また、車体製造は各シャシーとも純正ボディを採用（いすゞ→川崎／日産ディーゼル→富士重工／三菱ふそう→呉羽）していた。

年表

1930年(昭和5年)
バス事業開始

1935年(昭和10年)
貸切事業開始

1958年頃(昭和33年)
セミステンレスカー導入

1960年(昭和35年)8月
寝台バスを試験導入

1961年(昭和36年)
ワンマンバスを導入

1982年(昭和57年)
一部路線を北海道中央バスに譲渡

1998年(平成10年)
貸切事業廃止

2004年(平成16年)4月
全路線譲渡完了。バス事業廃止

秋田市営バス

秋田県の公営交通事業者、秋田市交通局のルーツは馬車鉄道であった。
明治22年開業の秋田馬車鉄道である。同社はのち秋田電気軌道と改称し、
公営事業者となったのは昭和16年である。当時は秋田市交通課であった。
早期にバスロケーションシステム（次の便のバスが現在どこを走っているか知らせるシステム）を取り入れるなどしたが、
赤字経営には勝てず、平成18年3月で民間への路線譲渡を完了、バス事業を廃止した。

秋田駅前に停車中の
三菱ふそうP-MP系車両。
車体製造は三菱自動車工業。
廃線後は多くの路線、
車両が県内の民間事業者・
秋田中央交通へと移籍している
（昭和60年頃 写真提供／菊池正人）

民間の馬車鉄道からはじまった

秋田駅前には秋田市電が走っていた。秋田市電は明治22年開業の秋田馬車鉄道で、秋田〜土崎で営業を開始している。その後、秋田軌道（大正5年）→秋田電気軌道（大正9年）と社名を改称し、昭和16年に秋田市交通課に路線譲渡した。

秋田市電のあった秋田と土崎はバス路線が多数あり、競合に負けて昭和40年いっぱいで営業休止、翌昭和41年の3月末で正式に営業廃止となった。廃止後、同区間ではバス代行運転が行われたが、行き先表示には「秋田駅〜旧電車前」と掲げられていた。

バス事業を開始したのは大正12年の秋田電気軌道時代で、運行は秋田〜土崎、秋田〜牛島、秋田〜新屋の3区間だった。

昭和26年に秋田市の運輸課が交通局となり、バス事業部は自動車課と名称を変更している。

この頃から秋田市交通局のバス路線は、秋田駅を中心に新国道、山王大通りといった市内の主要道路に路線網を広げてゆく。そして、最終的に２００系統近いバス路線を所有したが、自家用車が普及するにつれ、秋田でも経営状態は悪化する。最終的には全体の約7割が赤字路線となっていた。

平成12年から徐々に、民営事業者・秋田中央交通に路線譲渡を進め、平成18年3月いっぱいで全線譲渡を完了、65年のバス事業に終止符を打った。

新サービスへの積極的な取り組みも

昭和50年代なかばには合理化の一環として、貸切用のロマンスシート車を路線用に運用する通称「ワンロマ車（ワンマン・ロマンスシート車の略）」を運行し、昭和56年12月からは無線通信による、バスの走行位置確認システム「バスロケーションシステム」を採用。さらに、平成5年からは車椅子利用者のために、ワンステップバスを導入するなど、新サービスに積極的に取り組んできた。

しかし郊外部の路線も多く、一部の黒字路線も秋田中央交通との競合区間であったことなどから、最後まで赤字額をカバーすることはできなかった。

年表

1889年（明治22年）**7月**
秋田馬車鉄道として開業。
のち秋田電気軌道に（年月日不詳）

1923年（大正12年）
秋田電気軌道が
乗合バス事業を開業

1941年（昭和16年）
秋田市交通課設立。
秋田電気軌道を買収

1958年（昭和33年）
秋田市交通局と改称

2000年（平成12年）**4月1日**
秋田中央交通へ一部路線を譲渡

2006年（平成18年）**4月1日**
全路線譲渡完了。
バス事業廃止

東海汽船バス

明治22年11月15日、東京湾汽船会社として創業。昭和17年に東海汽船に。

バス部門は昭和10年4月、大島観光事業がルーツ（会社設立当時、バス事業は未開業）。

戦後の昭和24年に大島開発を吸収してバス事業を開業。

以降、大島の乗合事業を一手に引き受ける。

平成15年9月より大島旅客自動車として独立経営を行っている。

正面に社章を掲げた東海汽船の日産ディーゼル4R系車両。
車体は富士重工が担当した（昭和47年頃 写真提供／三田一徳）

伊豆諸島唯一のバス事業者

明治期から船舶事業を行っていた東海汽船のルーツは、明治22年の東京湾汽船会社まで遡る。以降は東京だけでなく、東北地方や房総の船舶事業者を吸収合併して規模を広げた。

東京の伊豆大島に初めてバスが走ったのは昭和24年。東海汽船が大島開発を吸収してからだった。それ以前にも、島内でバスを走らせたいという声は上がっていたが、実現しなかった。元町港を基点に、大島に点在する集落を巡る路線は、開業当時から多くの利用者を呼んだ。車体は黄色を中心とした、目を引くカラーに塗装され、フロントには東海汽船の社章である赤に青い十字をあしらう、特徴的な塗色だった。

また、貸切用のミドルデッカー／ハイデッカー車両も持ち、これらはのちに路線用にも運用されている。運用車両は4R系を中心とした日産ディーゼル車が多かったが、昭和61年からは三菱ふそう車も採用した。平成15年からは大島旅客自動車として独立、通称「大島バス」として独立している。

年表

1889年（明治22年）11月15日
有限責任東京湾汽船として開業

1890年（明治23年）
東京湾汽船に改組

1942年（昭和17年）
社名を東海汽船に改称

2003年（平成15年）9月
バス部門は大島旅客自動車として独立

前扉・ロマンスシートの車両が集合。東海汽船では昭和61年までは日産ディーゼル製シャシーが独占していた。
いずれも車体は富士重工製（昭和47年頃 写真提供／三田一徳）

35. 6.15 現在				伊豆大島				(東海汽船) 遊							
6 00	7 00	8 00	10 00	この間	15 00	17 00	円	発元町港着	7 45	8 45	9 45	11 45	この間	16 45	18 45
6 45	7 45	8 45	10 45	60分毎	15 45	17 45	65	着波浮港発	7 00	8 00	7 00	11 00	60分毎	16 00	18 00
6 00	7 00	8 00	10 00	この間	16 00	17 00	円	発元町港着	7 50	8 50	9 50	11 50	この間	17 50	18 50
6 50	7 50	8 50	10 50	60分毎	16 50	17 50	65	着大島公園発	7 00	8 00	9 00	11 00	60分毎	17 00	18 00

時刻表●昭和35年6月15日当時の東海汽船バスほか 時刻表
元町港から波浮港（はぶみなと）まで、約50分をかけて島内をほぼ一周していた
（日本交通公社時刻表 昭和35年8月号より抜粋 資料提供／JTBパブリッシング）

9/1 現在
東海汽船（島内バス）

円	駅	1	2	3	4		5	6	7	8	9
円 35 75	○元町 ○岡田 ○大島公園	600 625 650	700 725 750	800 825 850	900 925 950	この間 1000.1100 1200	1300 1325 1350	1400 1425 1450	1500 1525 1550	1600 1625 1650	1700 1725 1750
円 50 75	○大島公園 ○岡田 ○元町	700 727 750	800 827 850	900 927 950	1000 1027 1050	この間 1100.1200 1300	1400 1427 1450	1500 1527 1550	1600 1627 1650	1700 1727 1750	1800 1827 1850

600 642	700 742	この間 60分毎	1800 1842		円 75	○元町 ○波浮	836 745	936 845	この間 60分毎	1836 1745	1936 1845
… … …	… … …	720 ‖ 750	… 720 750	… 800 830	円 … 155	○岡田 ○元町 ○山頂口	═ 1000 930	═ 1030 1000	═ 1230 1200	═ 1430 1400	═ 1530 1500
											═ 1600 1530

伊東発 900　江ノ島発1400　熱海発 920の便には、山頂口行のバスが接続運転しています。

時刻表●昭和44年9月1日当時の東海汽船バスほか 時刻表
元町～波浮港のほか、元町～大島公園、岡田～山頂口の区間にもバスが開通した。また、本島からの船便の
接続情報も掲載されていた（日本交通公社時刻表 昭和44年9月号より抜粋 資料提供／JTBパブリッシング）

周遊　伊豆諸島　48. 1. 1からの時刻

日月水金土 運航			2200 520 800	特等 2490 4320	特1 2420 3560	1等 1940 2860	2等 810 1190	東京(竹芝)(接) 大島(周) 三宅島(周)	1800 1400 1000	日月火木土 運航		
… …	月水金 運航		2200 1100	特等 5300	特1 4370	1等 3500	2等 1460	東京(竹芝)(接) 八丈島(周)	600 1700	火木土 運航		… …
（注）東京一大島一三宅島航路は1月7日～1月31日運航 東京一八丈島航路は1月8日～1月31日運航 ◎＝休日に限り横浜に寄港												
… …	… …	… …	2200 500	特等 2490	特1 2420	1等 1940	2等 810	東京(竹芝)(接) 大島(周)	1800 1400	┐ ◎	… …	… …
… …	… …	900 1040	1320 1500	円 1930	円 1580	円 1270	円 530	熱海(準) 大島(周)	1250 1110	1720 1530	… …	… …
… …	… …	830 1010	1400 1540	円 1640	円 1340	円 1080	円 450	伊東(遊)(準) 大島(周)	1330 1150	1820 1630	… …	… …
… …	… …	… …	930 1130	円 1780	円 1460	円 1180	円 490	下田(遊)(準) 大島(周)	1800 1600	… …	… …	… …
… …	… …	… …	1330 1610	円 2430	円 2000	円 1610	円 670	江の島(準) 大島(周)	1310 1030	… …	… …	… …
休日の前夜 運航			2350 500	円 2570	円 2120	円 1700	円 710	横浜 大島(周)	1740 1400	休日運航		

〔東海汽船・190〕　T. 東京　03（432）4551

┌ （月水金曜 大島発）	2200 600 730 900 1010 1200 1530	2940 特等 870 1280 1380 1490 …	2420 特1 710 1040 1130 1220 …	1940 1等 580 840 910 980 …	810 2等 240 350 380 410 …	東京(竹芝)(接) 大島(周) 利島 新島 式根島 神津島 下田(周)	═ 1540 1330 1230 1130 1010 700	… ┐ （火木曜運航）	═ 1540 ‖ 1230 1130 1000 700	… ┐ （土曜運航）

※島内めぐり定期観光バス　426頁参照

円 60 110	元町(周) 岡田(周) 大島公園(周)	600 625 642	700 725 742	800 825 840	この間 60分毎	1500 1525 1550	1600 1625 1650	1700 1725 1750	1800 1825 1842
円 90 110	大島公園(周) 岡田(周) 元町(周)	645 708 727	745 808 827	845 908 927	この間 60分毎	1545 1608 1627	1645 1708 1727	1745 1808 1827	1845 1908 1927

720 ‖ 750	… 720 750	… 800 830	円 60 190	岡田(周) 元町(周) 山頂口(周)	═ 1030 1000	═ 1100 1030	═ 1300 1230	═ 1500 1430	═ 1600 1530	… … …	… … …
600 643	この間 60分毎	1700 1743	1800 1843	円 110	元町(周) 波浮(周)	736 645	836 745	この間 60分毎	1936 1845		

時刻表●昭和48年1月1日当時の東海汽船バスほか 時刻表
バスの時刻と船舶の時刻の情報が一緒になった、昭和48年1月の時刻表
（日本交通公社時刻表 昭和48年1月号より抜粋 資料提供／JTBパブリッシング）

倉敷市交通局

ルーツは、昭和18年に岡山県の倉敷〜岡山工場の間で専用線を開業した三菱重工業の鉄道線である。この三菱重工業鉄道線がのちに水島工業都市開発となり、さらに昭和27年に倉敷市に譲渡されて倉敷市交通局となった。鉄道線は水島臨海鉄道（第3セクター路線）となり、現在も営業を続けている。バス路線は平成元年の倉敷市交通局廃止に伴い、複数の民間事業者に譲渡されている。

廃線時の倉敷市交通局の車両は、すべて三菱自動車製が採用された。写真はK-MP系車両で、車体も三菱自工製が架装されている（昭和60年頃 写真提供／太田博之）

三菱系の専用鉄道がルーツ

岡山県内唯一の公営バス事業者であった倉敷市交通局は、昭和27年に同市が三菱系の鉄道事業者・水島工業都市開発を買収して誕生した。

同社は岡山県内の水島・倉敷地区に路線網をもち、昭和30年代後半の工業景気に乗って一時期は良好な経営状態を保っていた。

また、路線バス事業のほか、貸切事業を行う時期もあったが、赤字経営が続くと昭和45年に鉄道事業は分離。第3セクター企業の水島臨海鉄道として独立した。

バス事業のほうは、旧車を辛抱強く使い続け、また他社から中古車両を譲渡するなどして赤字経営を凌いでいたが、平成元年に路線・車両ともども下津井電鉄、両備バス、そして野村交通に譲渡して廃止となった。

先に水島臨海鉄道へと転身した鉄道線が現在も貨物輸送を中心に精力的な経営を続けるなかで、バス事業が廃業となってしまったのはなんとも皮肉な結果だったといえよう。

採用車両はすべて三菱ふそう

倉敷市内の水島には三菱自動車の工場があり、また自身のルーツが三菱系の鉄道事業者だったこともあって、倉敷市交通局のバスはいずれも三菱ふそう製シャシーを採用していた。

車体も新三菱重工製を架装、昭和30年代にはフロントガラスの上に庇をつけたR200番台のリアエンジンバスが活躍していた。

廃止時には44台のバス車両が在籍しており、路線用は両備バスと下津井電鉄バスに、貸切用は下津井電鉄バスと野村交通バスに譲渡されて、引き続き現役を続けた。

なお、車体カラーは昭和30年代には、赤・青・緑という原色の組み合わせだったが、昭和43年に入って白×赤の組みあわせの比較的落ち着いた塗色に変更され、廃業までこのカラーで走った。

なお、この白×赤の組み合わせのボディカラーは、貸切専用車両にも採用されていた。

年表

1943年（昭和18年）
三菱重工業が倉敷〜岡山工場で専用線を開通させる

年代不詳
水島工業都市開発に社名変更

1952年（昭和27年）4月
倉敷市に移管。倉敷市交通局が発足

1970年（昭和45年）
鉄道事業を第3セクターの水島臨海鉄道に移管

1989年（平成元年）
倉敷市交通局解散、バス路線を県内の民間事業者に譲渡する

山口市営バス

山口市運輸水道局として開業。同じ山口県内の防石鉄道のバス部門ほか、地元のバス事業者数社を統合して発足した。
山口市内だけではなく、宇部市や秋芳町など県内の広い範囲に路線を持っていた。
バス事業からの撤退は平成11年3月。現在は多くの路線を民間事業者の防長交通が引き継いでいる。

山口市営バスでは、昭和50年代の
バス車両が長年活躍していた。
昭和52年製の三菱ふそうMP117Mで、
車体は呉羽自動車工業。
平成7年まで18年間運用された
（平成元年 写真提供／菊池正人）

山口県随一の公営事業者だったが――

小郡～山口で山口定期自動車が開業したのは大正期のことである。山口定期自動車は山口市の実業家・中野貞蔵により創設された、民間のバス事業者であった。山口定期自動車にはたびたび公営化の話しが持ち込まれたというが、なかなか実現には至らなかった。

しかし戦中の昭和17年、戦時統合による買収のはなしが持ち上がると、山口定期自動車は市に譲渡されることになる。この譲渡には当時の運輸通信局自動車局長、後の総理大臣・佐藤栄作の影響が大きかった（佐藤は山口県出身）。

昭和25年2月からは宇部市営バスとの相互乗り入れ開始、また同年10月からは貸切事業を開始して、観光バスを運行させた。なお、貸切バス事業の開始は、山口県内では山口市営バスが初めてだった。

昭和27年6月からは地方公営企業局となり、山口市公営企業局として発足。昭和34年10月からは山口市交通局としている。昭和38年には県内で山口国体が行われ、県外からも多くの人々が訪れた。この時の山口市交通局は、バスの在籍台数は88台を数え、年間900万人にも及ぶ利用者があった。しかし、この年が山口市交通局のピークだった。

昭和40年代に入りモータリゼーションが進むと、宇部地区の閑散路線などを少しずつ廃止して合理化を図った。それでも利用者の減少には歯止めが利かず、また公営企業特有の人件費による経営圧迫なども響いて、昭和50年代に入ると赤字経営が続いた。

その結果、平成11年3月で廃止、路線・車両は防長交通に譲渡された。

三菱ふそう車両が主力

山口市営バスの採用車は、昭和30年代から三菱ふそう、いすゞの2社が多かった。特に三菱ふそう車は、廃止直前には在籍車両の8割以上を占める主力車であった。

ボディカラーは、戦後から赤×白の塗り分けで、これは廃線まで若干のパターン変更を繰り返しながら続けられた。

年表

1943年（昭和18年）
山口定期自動車など
県内の民間事業者3社の路線を
譲渡し、山口市運輸水道局
として発足

1950年（昭和25年）**2月**
貸切バス事業を開業

1952年（昭和27年）**6月**
地方公営企業法により
山口市公営企業局に

1959年（昭和34年）**10月**
水道事業を分離し、
山口市交通局に

1999年（平成11年）**3月**
バス事業廃止

荒尾市営バス

昭和24年2月1日、バス事業を開始。荒尾市の炭鉱住宅と市街地を結ぶ路線事業者として
昭和30年代前半には盛況を誇った。昭和24年3月1日からは鉄道事業も開業したが、
こちらは昭和39年10月1日にいち早く廃止となった。炭鉱が閉山し、利用客が減少すると赤字がかさみ、
平成14年4月1日で貸切事業を廃止。平成17年4月1日で
民間事業者の産交バスへ路線譲渡を完了し、バス事業を廃止した。

廃線間際の荒尾市交通局には、
東京都交通局からの
移籍車両が残っていた。
昭和62年式の三菱自工ボディの
三菱ふそうP-MP218K。
平成10年から荒尾で運用された
(平成13年12月 写真提供／菊池正人)

炭鉱とともに賑わい、廃れた

荒尾市の昭和30年代の主な産業は、炭鉱であった。市内に点在していた炭鉱住宅と荒尾駅などを結ぶ路線バスとして昭和24年2月に開業した。開業当時は在籍車両7台という小世帯であった。また、同年3月には、専用軌道の荒尾市営電車が境崎〜増永で開業。これは、戦前に日本軍が火薬などの軍用品を運搬する専用鉄道として建設した軌道を利用したものであった。この荒尾市電は、緑ヶ丘までの全線開通時（昭和25年）には1日22往復もの便が運行されていたが、昭和30年代に入って客足が遠のき、また施設の老朽化が進んだこともあり、昭和39年バスに先駆けて廃線となった。

荒尾市営バスのほうは、昭和30年代には炭鉱景気の高騰により、市内に広く路線網を延ばし、多くの利用者があった。しかし、石炭から石油へのエネルギー革命が進むと炭鉱は寂れ、またマイカーの普及も影響して利用者は下降の一途をたどった。

こうしたなか、経営回復の一環として平成9年に開店した市内の商業施設「あらおシティモール」の隣にバスセンターを設けてバスダイヤを改変し、また東京都交通局の中古車両を購入して運用車両を一変、サービスの向上を図るなどした。しかし、これらも劇的な効果を生むことはできず、平成16年4月に多くの路線を廃止し、また一部路線と在籍車両のすべてを熊北産交（のち産交バス）に譲渡して56年間続いたバス事業を廃止した。なお、荒尾市交通局の本社社屋は廃線後、産交バス荒尾車庫となり残されている。

廃止時の在籍車両はわずか9台

廃線時の在籍車両は、わずかに9台（路線用車両×8台、貸切用車両×1台）だけであった。なお、貸切事業は平成14年3月で廃止しており、市内の荒尾養護学校のスクールバスとして運用されていた。

シャシーは日産ディーゼル（3台）、三菱ふそう（4台）、日野（1台）、いすゞ（1台）で日野といすゞ、三菱ふそう（2台）の4台が東京都交通局からの移籍車両だった。

年表

1949年(昭和24年)2月	荒尾市交通部としてバス事業開業
1949年(昭和24年)3月	鉄道事業開業
1964年(昭和39年)10月	鉄道線全廃
1996年(平成8年)4月	荒尾市交通局に改組
2002年(平成14年)4月	貸切事業部を廃止
2004年(平成16年)4月	路線の一部を民間事業部に譲渡
2005年(平成17年)4月	バス路線全線を民間事業者の産交バスに譲渡完了。バス事業廃止

昭和30年代のバス●全国版

バスが走る日本の原風景

バス車体カラー図鑑

バスのカラーリングにも流行がある。昭和30〜40年代には、現在では考えられないようなビビッドな色使いを採用していた事業者もあった。ここでは、昭和30年代、40年代の全国バス事業者のボディーカラーを紹介する。

※彩色にあたっては『日ので―別冊（日本のバスの色）』（日野自動車販売）／『発掘カラー写真昭和30年代バス黄金時代』（ＪＴＢパブリッシング）／『続 発掘カラー写真昭和30年代バス黄金時代』（ＪＴＢパブリッシング）／『発掘カラー写真昭和40年代バス浪漫時代』（ＪＴＢパブリッシング）を参考とさせて頂きました。図面作成／カサイ工房　執筆協力／井上真利子・井上雅俊

秋北バス《しゅうほくばす》

1943年4月1日秋田県に設立。1962年国際興業グループに。創業65周年を記念し2008年12月15日秋北カラー車両2台が投入された

会津乗合自動車《あいづのりあいじどうしゃ》

福島県会津若松に本社を置き、会津地方を席巻するバス事業者。1943年開業からまもなく、現在の路線網が確立した

茨城交通《いらばきこうつう》

戦時統合で県内の中小事業者が集まり1944年8月に発足。1990年代に入り経営悪化、2008年11月に民事再生法を適用

秋田中央交通《あきたちゅうおうこうつう》

開業時の社名は五城目軌道、1943年に秋田中央交通と改称した。2000年から秋田市交通局より路線・車両の譲渡を受けた

羽後交通《うごこうつう》

1943年10月に15社が合併、秋田県内最大のバス事業者となった。1952年から社名が現在の「羽後交通」に

伊豫鉄道《いよてつどう》

1887年愛媛県松山市に開業、バス部門は1944年に開始した。貸切部門も1951年と早い時期にスタートしている

江若交通《こうじゃくこうつう》

1920年2月滋賀県に開業。近江の「江」と若狭の「若」から江若鉄道に。1969年11月鉄道全廃で江若交通となる。京阪電鉄の傘下

宇和島自動車《うわじまじどうしゃ》

愛媛県内13箇所に事業所をもつ。1928年10月宇和島自動車として開業、1947年までは海運事業者・宇和島運輸の傘下だった

大阪市交通局《おおさかしこうつうきょく》

1903年日本初の公営電気鉄道からはじまる。バス事業は1927年2月26日に開始。2011年度までに全車ノンステップ化予定

大分交通《おおいたこうつう》

1896年に豊州電気鉄道として開業、戦時統合で大分交通に。1975年鉄道線(耶馬溪線)廃止で、以降はバス事業専業に

小田急バス《おだきゅうばす》

1932年東京都に武蔵野乗合自動車として開業。1950年小田急電鉄に吸収され小田急バスに。その後貸切・旅行業などへも手を広げる

沖縄バス《おきなわばす》

1950年に公営バスを引き継いで誕生。路線のほか定期観光や貸切営業にも注力。琉球バスに次ぎ、県内2番目の規模をもつ

神姫自動車《しんきじどうしゃ》

兵庫県明石市に開業。1927年8月8日加古川−尾上路線からスタート。日本初のバックモニターを開発した会社である。現社名は神姫バス

鹿児島市交通局《かごしましこうつうきょく》

バス事業は1929年12月28日運行開始。市内の観光スポットを巡る定期観光バス、カゴシマシティービューの運行もしている

岩手県南バス《いわてけんなんばす》

昭和30年代県内に路線網を広げたが、経営不振で花巻バス・岩手中央バスと合併、1976年6月から岩手県交通に。合併後もしばらくは岩手県南バス時代のボディカラーで走っていたが、社名の部分のみは「岩手県交通」と書きかえていた。また、経営状態も劇的な改善というわけにはいかず、1986年からは国際興業の傘下となった

●岩手県南バス時代（1966年〜）のカラーリング

●岩手県南自動車時代（1943年〜）のカラーリング

川崎鶴見臨港バス《かわさきつるみりんこうばす》

1937年鶴見臨港鉄道バス事業部として神奈川県に開業し川崎乗合自動車、日吉乗合自動車を買収。1954年からは京急の子会社となった

亀の井バス《かめのいばす》

別府・亀の井旅館のバス事業部として1928年1月10日に大分県に開業。同社の「別府地獄めぐり」は日本最古の定期観光バス

関東自動車《かんとうじどうしゃ》

1927年5月8日栃木県に設立。2004年産業再生機構へ支援要請し2006年5月30日支援は終了した。現在はJ-COACHグループ

川中島自動車《かわなかじまじどうしゃ》

1950年代、長野県内の中小事業者を統合し路線拡大。1983年に倒産し、現在は「川中島バス」でアルピコグループに所属

関東バス《かんとうばす》

1931年関東乗合自動車として開業。戦中は東急傘下、戦後は京王に所属したことも。1998年より一部が子会社の「ケイビーバス」に

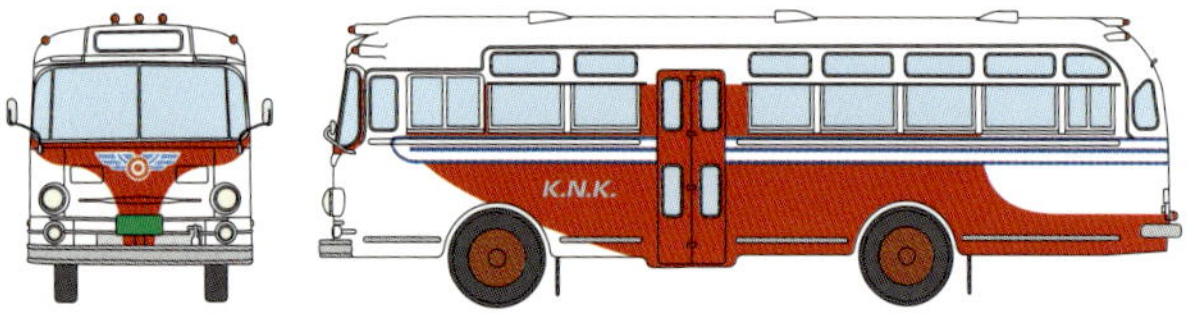

関東鉄道《かんとうてつどう》

土浦市、つくば市、取手市など主に茨城県南西部に路線をもつ。また、東京と水戸・土浦などを結ぶ高速バスの運営も行っている

南海電鉄《なんかいでんてつ》

2001年10月に鉄道会社から分離したと同時に地域分社化。南海電車と同じ緑を基調とした塗装であった

京都市交通局《きょうとしこうつうきょく》

1928年5月10日、京都市電気局により開業。1969年まではトロリーバス、1978年までは市電（路面電車）も営業

九十九里観光《くじゅうくりかんこう》

1926年九十九里軌道として千葉県に開業。1961年3月に鉄道線廃止。現在は小湊鉄道傘下で塗色も同社バスと同様に

オリンピック観光《おりんぴっくかんこう》

近鉄傘下の観光バス会社として誕生。2001年クリスタル観光、2007年からは大阪バスの子会社・東京バスに

国際興業《こくさいこうぎょう》

1940年小佐野賢治による創立の自動車部品会社「第一商会」が起源。社名は小佐野が関与した交通事業者「国際自動車」を流用。戦後は、東京を中心に中小事業者の合併を進めた。また貸切事業やタクシー事業にも力を入れ、大阪・神戸といった関西地区にも進出した。1988年に東京—盛岡間の高速バスの運行を開始。この頃から東北のバス事業者の買収にも積極的に取り組んでいる

● 1940年代のカラーリング

● 1959年～のカラーリング

● 1950年代の貸切用車両のカラーリング

群馬バス《ぐんまばす》

1942年群馬合同バスで開業、1945年10月1日群馬バス。1957年～2001年は東急傘下。現在は独立するも塗色は東急色に

栗原電鉄《くりはらでんてつ》

バス事業は1928年4月10日の栗原軌道時代に開業。2007年4月1日に鉄道を廃止、現在はミヤコーバスとなる

呉市交通局《くれしこうつうきょく》

1941年､広島県呉市内にあった「沿岸タクシー」のバス路線を同市が引き継ぎバス事業開始。1967年までは鉄道事業（路面電車）も

頸城鉄道自動車《くびきてつどうじどうしゃ》

1913年に設立され新潟県上越市に本社がある。社章から通称マルケーとも呼ばれている。鉄道事業は1971年に廃止された

京王帝都電鉄《けいおうていとでんてつ》

1984年東京急行電鉄から分離し、京王線以北を中心とするバス路線を展開。都内初のディーゼル車を導入した事業者としても知られる。

群馬中央バス《ぐんまちゅうおうばす》

1950年9月群馬合同バス（のち群馬バス）から独立して誕生。前橋市に本社を置き、高崎・伊勢崎などに路線を広げる

神奈川中央交通《かながわちゅうおうこうつう》

県内事業者を統合し相武自動車として開業、1951年に神奈川中央交通。現在は小田急傘下に。バス専業事業者としては国内最大で2010年現在の車両保有数は路線用、貸切用を併せて2千台近くにも上る。また、多区間運賃制（乗車区間により運賃が変わるしくみ）でのワンマン運転導入や、深夜バスの運行など、新しいサービスへの取り組みにも積極的

●昭和30年代の貸切用車両のカラーリング

● 1951年～の路線用車両のカラーリング

京阪自動車《けいはんじどうしゃ》

1922年桃山自動車として設立。1928年定期観光バスを運行。1972年、創立50周年を機に京阪バスに改称

京成電鉄《けいせいでんてつ》

1909年6月30日京成電気軌道として開業、戦時統合などを経て路線を拡大。現在は京成電鉄傘下の京成バスとなっている

京福電鉄《けいふくでんてつ》

福井駅を中心に海沿いの三国、東尋坊、山間の永平寺など広範囲に路線網をもつ。1963年、福井県乗合自動車から京福電鉄傘下に

京浜急行電鉄《けいひんきゅうこうでんてつ》

1898年開業の大師電気鉄道が、戦時統合で東横・京浜・小田急と統合して京浜急行に。川崎鶴見臨港バスを子会社としている

高知県交通《こうちけんこうつう》

高知県内全域に路線網をもつ。発足は1944年で、野村産業を中心に県内の事業者が集まり開業した。観光・貸切事業にも積極的

芸陽バス《げいようばす》

1931年藝陽自動車・豊田自動車・河戸自動車の合併統合により設立。広島県東広島市に本社を置く広電グループの企業

熊本バス《くまもとばす》

1964年に鉄道廃止となった熊延(ゆうえん)鉄道のバス事業を、熊本バスとして継続営業。旅行代理店や自動車教習所も運営

越後交通《えちごこうつう》

ルーツは1914年の中貫鉄道まで遡る。1959年中越自動車時代に東急グループの傘下となるが、1966年から独立経営を行なう

小湊鉄道《こみなとてつどう》

1927年開業の合資会社・袖ヶ浦自動車がルーツ。千葉県房総半島全般に路線を持ち、貸切・観光事業にも注力。京成グループの傘下

広島電鉄《ひろしまでんてつ》

バス事業の開始は1938年2月1日広島乗合自動車と合併した広島瓦斯電軌時代から。日野自動車製の車両が多い

九州産業交通《きゅうしゅうさんぎょうこうつう》

戦時下の1942年に熊本県内のバス・トラック業者106社を統合して開業。定期観光は天草、阿蘇など県内広範囲にわたる。また、1970年以降はバス事業以外に、ホームセンター（ホームセンターサンコー。のちイエローハットに株を売却）や阿蘇火山博物館、フェリー（熊本フェリー）などさまざまな分野に事業を広げた。現在は九州産業交通ホールディングスに

● 1958年～1965年の路線用車両のカラーリング

● 1965年～の貸切用車両のカラーリング

庄内交通《しょうないこうつう》

1943年戦時統合で誕生、山形県内の日本海側沿岸・庄内地方を中心にバス事業を展開する。2006年からは庄内ホールディングス

札幌市交通局《さっぽろしこうつうきょく》

札幌市電気局時代の1930年10月バス事業開始。市内広範囲に路線網をもっていたが、2004年3月31日で全廃

信南交通《しんなんこうつう》

1945年6月、戦時統合で長野県に誕生した。昭和60年代まで一部の営業所に日野「ブルーリボン」が残っていた

常磐交通自動車《じょうばんこうつうじどうしゃ》

1943年11月16日茨城県に設立。バス事業は経営再建のため2006年2月1日子会社へ移行し新常磐交通へ社名変更している

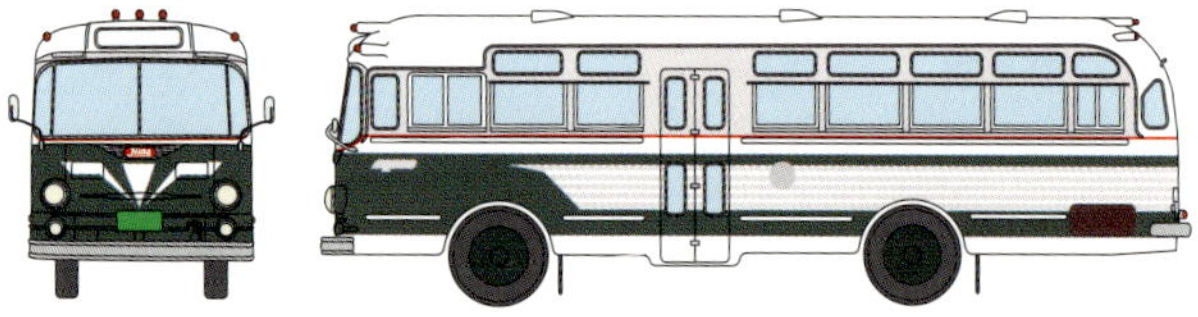

仙台市交通局《せんだいしこうつうきょく》

仙台市電気部時代の1942年8月、仙台市街自動車を合併し誕生。市電は1976年全廃。1955年9月より仙台市交通局に

瀬戸内運輸《せとうちうんゆ》

通称「せとうちバス」。愛媛県・東予地方の路線・貸切事業を運行。高島屋と共同で今治高島屋（1984年閉店）の営業も

千曲自動車《ちくまじどうしゃ》

長野県佐久地方に路線を持つ小池自動車から発展、1937年千曲自動車。1988年タクシー事業者グリーンキャブの傘下に

高松琴平電鉄《たかまつことひらでんきてつどう》

1943年11月戦時統合で誕生、バスは同年12月から開業した。1986年高松バスに譲渡、現在はことでんバスに

東京急行電鉄《とうきょうきゅうこうでんてつ》

会社の前身は1922年創立の目黒蒲田電鉄。1948年京王帝都電鉄・小田急電鉄・京浜急行電鉄を分離している。

東海自動車《とうかいじどうしゃ》

静岡県の伊豆半島に路線をもつ3社（他は伊豆急行・伊豆箱根鉄道）のうち開業は1916年と最古。現在は分社化、小田急グループに

土佐電気鉄道《とさでんきてつどう》

1929年土佐乗合自動車として開業、1931年土佐バス。1941年高知鉄道に吸収合併し1948年から土佐電気鉄道となる

東武鉄道《とうぶてつどう》

1934年埼玉県の川越でバス事業を開始。戦後路線を拡大したが1980年代に赤字へ転落。2002年5社へ分割された

富山地方鉄道《とやまちほうてつどう》

1930年開業の富山電気鉄道がルーツ。1943年に県内の交通事業者を合併し誕生。富山駅を中心に県内東部に路線をもつ

鞆鉄道《ともてつどう》

広島県福山市内に路線網をもつ。鉄道廃止は1954年3月。2010年9月現在いすゞのボンネットバス・BX341をレストアして運行

西武バス《せいぶばす》

1932年設立の東浦自動車から始まる。昭和20年代から30年代西武鉄道沿線の人口増加により規模が拡大した。また、この時期には新宿から軽井沢や箱根など、観光地への長距離バスの運行を開始している。1969年には会社名を西武バスと改称。この頃から主要駅と大型団地を結ぶ路線の拡大に取り組んだ。なお、1990年代からは地域ごとの分社化が進んでいる

● 1950年頃の路線用車両のカラーリング

● 1960年頃〜の路線用車両のカラーリング

十和田観光電鉄《とわだかんこうでんてつ》

1926年9月バス事業開業。当時は十和田鉄道で、1951年12月30日より十和田観光電鉄。1969年からは国際興業傘下

ドリーム交通《どりーむこうつう》

神奈川県横浜市の遊園地・ドリームランドを運営していた日本ドリーム観光の子会社。バスは貸切事業用に用意された

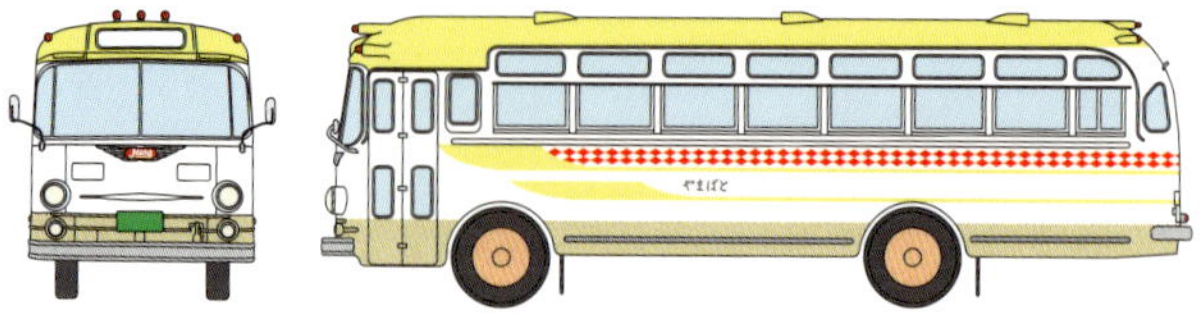

中鉄バス《ちゅうてつばす》

岡山県南部に路線網をもつ明治期発足（1896年）のバス事業者。開業時は中国鉄道で、鉄道事業は1944年に国有化

長崎県交通局《ながさきけんこうつうきょく》

1934年3月24日雲仙への観光客輸送のため設立された。2007年島原－雲仙間（特急）を除く島原半島の路線から撤退

名古屋市交通局《なごやしこうつうきょく》

市営バスの営業は1930年から。トロリーバスは1943年から1951年まで営業していた。市電は1974年に全廃している。

静岡鉄道《しずおかてつどう》

1928年静岡電気鉄道が袋井―可睡(かすい)を開業。東急の五島慶太が社長だった1943年静岡鉄道に。現在はしずてつジャストライン

奈良交通《ならこうつう》

近畿最大手のバス事業者。1943年県内の中小事業者を統合し奈良交通に。車体につけられた鹿のマークが特徴（社章は別デザイン）

名古屋鉄道《なごやてつどう》

2004年5月11日バス事業は分社化され同年10月1日名鉄バスとなる。前身は1894年設立の愛知馬車鉄道である

西日本鉄道《にしにほんてつどう》

1908年12月17日設立の九州電気軌道が前身。バス車両の保有台数は日本一を誇るが経営状態は苦戦が続いている。そのため、1986年の鳥栖交通、二豊交通への分離譲渡を皮切りに、福岡県福岡市の市街地を除いては子会社への業務移管を進めた。また、観光バス事業についても、2008年西鉄観光バスへ事業を移管している

● 1950年の路線用車両のカラーリング

● 1950年の路線用車両（急行）のカラーリング

新潟交通《にいがたこうつう》

県内事業者を統合した新潟合同自動車と、元・中ノ口電鉄の新潟電鉄が合併し1943年12月誕生。戦後は天然ガスバスの運用も

日東交通《にっとうこうつう》

千葉県房総半島中部～南部の広範囲に路線網をもつ。ルーツは1913年の旅館・万歳館自動車部。現在は地域により分社化されている

濃飛乗合自動車《のうひのりあいじどうしゃ》

岐阜県高山市などを中心に運行する1943年設立の会社。世界遺産白川郷・五箇山を巡る定期観光バスのコースもある

西東京バス《にしとうきょうばす》

東京の八王子市を中心に青梅・五日市沿線を網羅。1963年高尾自動車・五王自動車を吸収合併し発足

日ノ丸自動車《ひのまるじどうしゃ》

鳥取県全域にバス路線をもち、鉄道事業も行っていたが1967年5月に全廃。山陰～福岡・大阪・東京などを結ぶ高速路線の運行も

阪急バス《はんきゅうばす》

戦前の摂津遊覧自動車がルーツで、兵庫県阪神地区の中小バス事業者を合併し路線拡大。1946年6月20日に阪急バスとなる

福島電鉄《ふくしまでんてつ》

ルーツは1907年8月1日開業の信達軌道（しんたつきどう）。バスは1961年に福島県南交通を合併し開業。現・福島交通

広島バス《ひろしまばす》

帝産オート傘下だったが、1971年独立。広島市内では広電バスが「青バス」と呼ばれるのに対し、こちらは「赤バス」で親しまれている

松本電鉄《まつもとでんてつ》

信州地方の観光・路線バス事業を担う。1920年筑摩鉄道で開業、1932年12月2日より松本電鉄。現在はアルピコグループに

北海道中央バス《ほっかいどうちゅうおうばす》

小樽を本社に置く全国でも有数の規模を誇るバス会社。1943年設立。ボンネットバスで巡る定期観光コースもある

国鉄自動車《こくてつじどうしゃ》

1930年12月20日省営自動車岡多線の運行がスタート。1987年3月31日国鉄バスとして運行終了し各旅客会社へ引き継がれた。JRバスとなってからは、一般路線バスは徐々に縮小。なかでもJR東海バスは2009年9月、路線バス事業から撤退している。ただし、高速バス部門は民営化後も好調で、各社とも新型車の採用などに積極的に取り組んでいる

● 1961年〜の高速用車両のカラーリング

● 1955年〜の路線用車両のカラーリング

● 1950年代の路線用車両（四国・九州地方）のカラーリング

● 1960年〜の路線用車両のカラーリング

北陸鉄道《ほくりくてつどう》

石川県内のバス路線を席巻しているが、平成元年から地域ごとに分社化を進める。1962年に名鉄グループの傘下となっている。現在の北陸鉄道バスでは、首都圏—金沢の高速バスのほか、金沢—小松空港を結ぶリムジンバスのほか、定期観光バスの運行を行っている。なお、採用車両は、名鉄系となってからは三菱ふそう製シャシーが多い

● 1960年代の路線用車両のカラーリング

● 1960年代の貸切車両のカラーリング

宮崎交通《みやざきこうつう》

宮崎市街自動車として開業、1943年の戦時統合で宮崎交通に。宮崎県内のバス事業者としてはほぼ唯一の存在である

三重交通《みえこうつう》

1936年2月26日設立の伊勢電鉄自動車が前身企業である。グループ内に三重いすゞ自動車があり車両はいすゞが多い

道南バス《どうなんばす》

室蘭乗合自動車を前身とし、1944年に胆振・日高地方のバス会社が戦時統合し道南自動車として発足。現在の道南バスとなった

滋賀交通《しがこうつう》

1949年7月タクシー・バス事業者として開業。貸切バス事業に注力するも、観光部は1989年に滋賀観光バスとして独立した

東京都交通局《とうきょうとこうつうきょく》

1923年関東大震災により東京市電の代替輸送機関として発足。バス輸送人員では日本一の規模を誇る。また、1952年5月からはトロリーバスの運行も行っていたが、自家用車が普及して都内の交通事情が変わると、1968年9月いっぱいで廃止となった。なお、都道府県営の交通事業者としては、全国ではほかに長崎県交通があるのみ

● 1951～1959年の路線用車両のカラーリング

● 1959年の試験塗装車

● 1959～1969年の路線用車両のカラーリング

● 1960年代の貸切車両のカラーリング

山梨交通《やまなしこうつう》

戦時統合で甲府市周辺の事業者が集まり1945年5月1日開業。1961年国際興業傘下に。鉄道線は1962年6月30日全廃

山形交通《やまがたこうつう》

山形県内に3つの鉄道路線を持っていたが1974年までに随時廃止、以降はバス専業に。1997年からは山交バスとなる

琉球バス《りゅうきゅうばす》

1964年7月昭和バスと沖縄バスを統合し誕生。一時は県内最大のバス事業者も経営悪化で第一交通産業（北九州市）の子会社に

横浜市交通局《よこはましこうつうきょく》

横浜市電気局時代の1928年にバス事業を開始、1946年に横浜市交通局に。トロリーバスも営業していたが1972年に廃止

近畿日本鉄道《きんきにほんてつどう》

1910年9月16日設立の奈良軌道が前身。路線バス部門は子会社化され1999年10月1日近鉄バスとして営業開始。大阪／京都〜甲府や大阪〜軽井沢、大阪〜富士五合目などの観光高速バスを新規に開拓するなどしている。また、2006年9月には近鉄観光バスを合併した。

2007年10月からはけいはんなバスホールディングスの子会社に

● 1960年代の路線用車両のカラーリング

● 1960年代の路線用車両のカラーリング

廃止・統合バス事業者データベース

路線バス事業者、それも廃止・統合されてゆくような過疎地の会社の情報は多くない。

ここでは2010年８月までに姿を消した、主な路線バス事業者を北から南の順にデータベースとしてまとめてある。

なおここで定義する「路線バス事業者」は、「一般旅客自動車運送事業」のなかで「路線定期運行」を行っている事業者に限定していることをご了承いただきたい。
※このデータベースは2010年８月末日現在のデータです。

事業者	開業	廃止	運行地域	備考
雄別鉄道	1964年02月01日	1970年04月16日	北海道釧路市	
道東バス	1951年12月28日	1971年09月	北海道帯広市	
道南海運	1972年02月	1973年02月	北海道奥尻郡奥尻町	
寿都鉄道	1918年08月20日	1968年	北海道寿都郡黒松内町	
千歳バス	1967年10月	1976年03月	北海道千歳市	廃業
北見バス	1946年09月20日	1998年12月14日	北海道北見市ほか	
美鉄バス	1961年05月01日	2002年03月31日	北海道美唄市	
函館市交通局	1943年11月01日	2003年03月31日	北海道函館市	函館バスに譲渡
上士幌タクシー	1987年03月23日	2003年09月30日	糠平～十勝三股	
札幌市交通局	1930年10月24日	2004年03月31日	北海道札幌市	
滝上町営バス	1977年01月11日	2005年03月31日	北海道紋別郡滝上町	
東日本フェリー	1972年2月1日	不詳	北海道奥尻島内	
定山渓鉄道	1932年5月8日	1973年5月30日	北海道札幌市南区ほか	じょうてつバスに改称
訓子府町	1974年5月15日	1987年3月31日	北海道訓子府町	
東邦交通	1944年4月15日	1989年5月1日	北海道釧路市ほか	くしろバスに改称
早来運輸	1951年9月1日	1991年3月31日	北海道厚真町ほか	あつまバスに改称
浦河町	1986年8月18日	1996年3月1日	北海道浦河町	
浜益村	不詳	1997年3月31日	北海道浜益村	
登別市	不詳	1997年3月31日	北海道登別市	
歌登町	不詳	1998年3月31日	北海道歌登町	
真狩村	1971年6月10日	1998年3月31日	北海道真狩村	
芽室町	1971年8月2日	不詳	北海道芽室町	
北海道旅客鉄道	1987年4月1日	2000年3月31日	北海道全域	
大樹町	1984年6月1日	不詳	北海道大樹町	
たくしょく交通	1998年12月1日	2005年1月31日	北海道帯広市ほか	乗合バス事業を休止
滝上町	1977年1月11日	2005年3月31日	北海道滝上町	
丸瀬布町	1973年4月1日	2005年9月30日	北海道丸瀬布町	
厚田村	1971年5月1日	2005年9月30日	北海道厚田村	
阿寒町	1971年9月1日	2005年10月10日	北海道阿寒村	
常呂町	1971年10月10日	2006年3月4日	北海道常呂町	
穂別町	1986年10月30日	2006年3月26日	北海道穂別町	
鵡川町	2004年4月1日	2006年3月26日	北海道鵡川町	
由仁ハイヤー	1998年7月1日	2006年3月31日	北海道由仁町	
士幌町	1971年8月1日	2006年3月31日	北海道士幌町	
あさでん	1999年10月1日	2007年6月30日	北海道旭川市	旭川電気軌道に合併統合

事業者	開業	廃止	運行地域	備考
釧路市	2005年10月11日	2008年3月31日	北海道釧路市	
豊頃町	1993年4月21日	2008年3月31日	北海道豊頃町	
小清水町	1976年3月29日	2008年9月30日	北海道小清水町	
美瑛町	1971年11月1日	2008年9月30日	北海道美瑛町	
中富良野町	1971年4月1日	2008年9月30日	北海道中富良野町	
秩父別町	1987年1月16日	2008年9月30日	北海道秩父別町	
上湧別町	1971年4月1日	2009年10月4日	北海道上湧別町	
陸別町	1973年12月30日	不詳	北海道陸別町	
足寄町	1985年12月2日	不詳	北海道足寄町	
清水町	1980年11月1日	不詳	北海道清水町	
広島交通	1995年12月1日	不詳	北海道野幌町ほか	
みやび観光	2004年10月1日	不詳	北海道天塩町	
南部鉄道	1945年1月2日	1970年5月29日	青森県八戸市ほか	南部バスと改称
下北バス	1952年3月1日	1984年12月1日	青森県田名部町ほか	下北交通と改称
蟹田町	不詳	2005年3月27日	青森県蟹田町	
平舘村	2001年4月1日	2005年3月27日	青森県平舘村	
三厩村	2001年4月1日	2005年3月27日	青森県三厩村	
名川町	2002年4月27日	2005年12月31日	青森県名川町	
弘南サービス	1989年7月1日	2006年3月31日	青森県平賀町ほか	
花巻電鉄	1953年06月01日	1971年02月24日	岩手県花巻市ほか	
岩手中央バス	1948年07月15日	1976年05月31日	岩手県盛岡市ほか	
岩手県南バス	1966年04月27日	1976年05月31日	岩手県水沢市ほか	
花巻バス	1948年06月30日	1976年05月31日	岩手県花巻市ほか	
岩手観光バス	1968年	2001年08月31日	岩手県盛岡市ほか	
大橋交通	開業日不詳	1982年03月31日	岩手県釜石市	
三陸町営バス	1983年05月26日	2001年03月31日	岩手県気仙郡三陸町	
宮城中央バス	1968年08月24日	1970年09月30日	宮城県栗原郡ほか	
宮城バス	1962年04月17日	1970年09月30日	宮城県登米郡ほか	宮城交通と合併
仙南交通	1959年07月01日	1970年09月30日	宮城県柴田郡ほか	
秋田市交通局	1941年04月01日	2006年03月31日	秋田県秋田市	
天王町	1984年5月1日	2003年9月30日	秋田県天王町	
岩城町	2004年10月1日	2005年3月21日	秋田県岩城町	
田沢湖町	2000年4月1日	2005年9月19日	秋田県田沢湖町	
角館町	2000年10月1日	2005年9月19日	秋田県角館町	
奥羽観光	1987年10月2日	不詳	秋田県十文字町	

事業者	開業	廃止	運行地域	備考
交小型バス	1987年9月1日	不詳	秋田県平田町	
山交旅行バス	1991年4月1日	不詳	山形県谷地町ほか	山交バスと合併
山形高速バス	2003年6月12日	不詳	山交BT～福島(高速線)	
山形交通	1943年10月1日	1997年9月30日	山形県山形市ほか	
東根市	2000年4月29日	不詳	山形県東根市ほか	
藤島町	2000年4月10日	2003年3月31日	山形県藤島町ほか	
余目町	不詳	2005年6月30日	山形県余目町ほか	
立川町	1983年10月1日	2005年6月30日	山形県立川町ほか	
羽黒町	1983年4月1日	2005年9月30日	山形県羽黒町	
櫛引町	1977年5月1日	2005年9月30日	山形県櫛引町	
八幡町	1999年7月2日	2005年10月31日	山形県八幡町	
松山町	2004年10月1日	2005年10月31日	山形県飯山町	
飯豊町	1984年4月1日	2005年11月30日	山形県飯豊町	
鮭川村	1987年	不詳	山形県鮭川村	
たちかわ交通	不詳	2007年3月31日	山形県庄内町	
河北町	1999年9月1日	2008年	山形県河北町	
三川町	2000年3月1日	2008年9月30日	山形県三川町	
日本水郷観光自動車	1967年01月10日	1999年09月15日	茨城県行方郡潮来町ほか	
茨城観光自動車	1946年	2001年06月01日	茨城県牛久市ほか	
関鉄メロンバス	2001年06月01日	2005年08月15日	茨城県鹿島郡鉾田町	
茨城オート	1971年02月	2010年05月31日	茨城県水戸市ほか	
宮城村営バス	1972年06月01日	1985年07月30日	群馬県勢多郡宮城村	
上毛電気鉄道	1962年05月25日	1995年04月07日	群馬県前橋市ほか	
吾妻観光自動車	1987年04月08日	2002年09月30日	群馬県渋川市ほか	
東海汽船バス	1889年11月15日	2003年08月31日	東京都大島町	
藤田観光自動車	1995年11月	1995年10月	東京～箱根	
頸城鉄道自動車	1944年5月5日	1971年5月31日	新潟県上越市ほか	頸城自動車と改称
越後交通観光バス	1985年10月16日	不詳	新潟県小千谷市ほか	
新交佐渡貸切バス	1986年4月1日	1994年3月1日	新潟県佐渡島内	
頸城小型バス	1985年9月21日	1999年10月1日	新潟県上越市ほか	
上越観光バス	1986年4月1日	2000年3月31日	新潟県妙高高原町ほか	
新交貸切バス	1986年4月1日	2002年3月31日	新潟県五泉市ほか	
新交北貸切バス	1993年3月1日	2002年3月31日	新潟県新発田市ほか	
新交西貸切バス	1993年3月1日	2002年3月31日	新潟県西蒲原郡ほか	
安塚町	1983年9月30日	1998年9月30日	新潟県安塚村	

事業者	開業	廃止	運行地域	備考
越後北観光バス	1998年10月1日	2002年7月1日	新潟県小千谷市	
入広瀬村	1993年4月1日	2004年10月31日	新潟県入広瀬村	
牧村	不詳	2004年12月31日	新潟県牧村	
松代町	1986年10月1日	2005年3月31日	新潟県松代町	
松之山町	1983年4月1日	不詳	新潟県松之山町	
妙高村	1986年5月15日	2005年3月31日	新潟県妙高村	
黒川村	不詳	2005年8月31日	新潟県黒川村	
新潟交通北	2002年4月1日	2007年3月31日	新潟県新発田市	
新潟交通西	2002年4月1日	2007年3月31日	新潟県西蒲原郡	
越後交通県央観光	1998年1月29日	2008年6月30日	新潟県三条市	越後交通と合併
川口町	2002年4月1日	2010年3月31日	新潟県川口町	
婦南交通	1953年11月01日	1974年03月31日	富山県婦負郡八尾町ほか	廃業
大野交通自動車	1951年	1976年08月31日	福井県勝山市ほか	
信州バス	1992年10月01日	2006年03月31日	長野県飯山市	
信濃交通	1987年03月15日	2006年03月31日	長野県信濃町	
浜松市交通部	1936年08月01日	1986年12月01日	静岡県浜松市	
岳南鉄道	1966年04月	1998年03月	静岡県富士市	富士急静岡バスに譲渡
名古屋遊覧バス	1962年	2006年03月31日	愛知県名古屋市	
岐阜市交通事業部	1949年08月05日	2005年03月31日	岐阜県岐阜市	
北丹鉄道	1933年11月23日	1971年03月01日	京都府福知山市	
姫路市企業局交通事業部	1946年12月22日	2010年03月26日	兵庫県姫路市	
南紀開発	1963年09月09日	1988年03月31日	和歌山県東牟婁郡太地町	
野上電気鉄道	1933年03月	1994年03月31日	和歌山県海南市	廃業
川辺タクシー	1986年10月01日	2001年06月15日	和歌山県日高郡日高川町	
鳥取自動車	1997年04月01日	2010年03月31日	鳥取県八頭郡八頭町ほか	
和田タクシー	1975年07月01日	1976年03月31日	島根県出雲市ほか	
赤名観光	1978年10月02日	1995年03月31日	島根県飯石郡飯南町ほか	
ヤマカド自動車	不詳	1999年03月31日	島根県大原郡大原町	
同和鉱業片上鉄道バス事業部	1957年08月01日	1972年07月	片上〜和気	
倉敷市交通局	1952年04月01日	1989年03月31日	岡山県倉敷市	廃業
両備運輸	1992年09月01日	2003年03月31日	岡山県岡山市ほか	
ニコニコバス	1961年07月04日	1970年02月	広島県福山市	尾道鉄道と合併、中国バスに
尾道鉄道	1941年09月	1970年02月	広島県尾道市	
志和タクシー	1972年03月15日	2003年09月30日	広島県広島市ほか	
尾道市交通局	1932年11月28日	2008年03月31日	広島県尾道市	

事業者	開業	廃止	運行地域	備考
三原市交通局	1942年09月22日	2008年03月31日	広島県三原市	
長鉄バス	1959年05月01日	1975年06月	山口県下関市ほか	
防石鉄道	1914年05月03日	1992年03月31日	山口県防府市ほか	
山口市交通局	1943年03月01日	1999年03月31日	山口県山口市	廃業
小豆島バス	1919年	2010年03月31日	香川県小豆郡土床町	
四国急行バス	1965年03月18日	1977年02月01日	高松〜松山	
南四国急行バス	1967年12月	1975年06月	高松〜高知	
関門急行バス	1958年03月10日	1977年	福岡〜山口	
伊万里昭和交通	1992年04月01日	2003年09月30日	佐賀県伊万里市ほか	
北対馬自動車	1932年08月09日	1970年05月31日	長崎県上県郡	
長崎電気軌道	1953年04月01日	1971年02月28日	長崎県長崎市ほか	
大崎自動車	1987年10月	2004年09月30日	長崎県彼杵郡大島町	
九州国際観光バス	1964年10月	2000年01月05日	九州国際観光バス	
荒尾市交通部	1949年02月01日	2005年03月31日	熊本県荒尾市	廃業
栄交通	1964年08月	1972年06月	鹿児島県上甑町	
東亜航空	1962年08月	1975年	鹿児島県喜界町	
甑島観光交通	1972年06月	1978年03月31日	鹿児島県上甑町	
瀬戸内バス	1969年	1978年05月	鹿児島県瀬戸内町	
林田バス	1998年04月01日	2008年01月31日	鹿児島県鹿児島市ほか	
首里バス	1950年07月26日	1974年07月31日	沖縄県那覇市ほか	那覇交通と合併
恩納村営バス	1995年07月	2004年03月31日	沖縄県国頭郡恩納村	
具志川市営バス	1971年02月04日	2004年03月31日	沖縄県具志川市	

写真提供者一覧

●日本古写真倶楽部
●朝日新聞社
●毎日新聞社
●はとバス
●読売新聞社
●大和市役所文化振興課
●関東バス
●日野自動車
●いすゞ自動車
●国際興業
●横浜市史資料室
●尼崎市交通局
●ぽん書房
●（財）世界人権問題研究センター
●宮澤潔
●絹谷眞康
●森榮一
●野水正朔
●中標津町商工会
●山交バス
●北海道新聞社
●仙台市交通局
●山形新聞社
●羽咋市歴史民俗資料館
●豊川市二川宿本陣資料館
●名古屋タイムズ・アーカイブス委員会
●中国新聞社
●広島市公文書館
●四国新聞社
●高松市歴史資料館
●日ノ丸自動車
●広島県立歴史博物館
●喜界町役場
●はーさん
●麦島勝
●沖縄バス
●沖縄県公文書館
●那覇出版社
●西日本車体工業
●中国バス
●JTB パブリッシング
●佐藤信之
●福知山土地開発公社
●小田健一
●菊池正人
●三田一徳
●太田博之